# ノスタルジックな読書

コミック・シネマ・小説

大島エリ子

港の人

# ジャンルを超えた文章の魅力――『ノスタルジックな読書』に寄せて

富岡幸一郎

本書を読むと、まずその多彩なテーマに目をみはる。コミック、映画、小説、スポーツと著者が扱う対象は実に多岐にわたっている。そして、それぞれのジャンルへの表現も、さらに万華鏡のような多様さと変化のあざやかな色にみちている。

コミックの世界では、歴史に材を取ったものから少女漫画、童話作家からバレエ漫画、つげ義春の世界までその読書量たるや驚くほかはない。映画も同様であり、スティーヴン・キングを皮切りに日本の怪獣映画までその守備範囲は実に広い。文学のジャンルも、『赤毛のアン』『十五少年漂流記』など昔からおなじみの名作から、天才詩人アルチュール・ランボオ、三島由紀夫、中島敦、矢田津世子と縦横無尽である。

その多彩さは、もちろん著者が少女の頃からさまざまな表現に関心を寄せてきたからであるが、それはただの知的な好奇心や博覧強記といったものではない。何もかもという貪欲さとは、むしろ逆なのである。ここには芸術表現のジャンルにとらわれない、さまざまな表現の世界を正確に横断していく一本の柔らかでつよい、感性の糸がつらぬかれているからだ。

スティーヴン・キングの作品に出現する別世界へと人々を誘う"It"について、「女性的なるもの」の象徴、ゲーテの『ファウスト』の「母たちの国」、そして映画『エイリアン』の「ギーガー的な有機体の脳内感覚」、ギリシア神話、日本の女郎蜘蛛……と文学や神話的世界まで、その想像は果てしなく拡がっていく。また「『中陰《バルド》』の思想と半生者について」という興味深いエッセイでは、母親の「死」の実体験からはじまり、『チベットの死者の書』、そして三島由紀夫の『豊饒の海』とアメリカのSF作家・フィリップ・K・ディックの『ユービック』の比較へと読者がほとんど予想もしない脱領域の地平へと、目くるめくスピードで運んでくれる。その知と感性のダンスのような、蝶が花から花へと軽やかに飛び回るような機敏でしなやかな移動、それをつかさどっているのは著者の文章の美しさなのである。本書のどのエッセイにも、この流れる滝の水のような美しいエクリチュールが溢れている。

《九歳の頃の私は、山道をボロボロになった『赤毛のアン』の本を読みながらランドセルをしょって歩いていた、小柄で痩せて貧弱な、眼鏡をかけた田舎の女の子にすぎませんでしたが、イマジネーションの世界の広がりは実に豊かで贅沢なものでした。どんなお金をかけたとしても、あの時の幸福感というものは再現できないと思っています》

『赤毛のアン』シリーズを繰り返し読んだ少女時代。著者はそこで表現の素晴しい世界と出会うことで、まさに「イマジネーションの世界の広がり」を知り、空想の翼をはばたく術を体得したのだろう。

幼年期の至福の時間。それは大人になるなかで失われてしまう。しかし著者はその成長と生きる現実の途上で、いつも芸術の花々を愛でることを忘れなかった。ひとつの言葉、映像の一コマがつねに自分の心の故郷へと連れ戻してくれる。本書は、その時の体験を記した宝石箱のような本である。

最後に置かれた「ノスタルジック・ベースボール」は一篇の小説としても読める。大島エリ子という手弱女ぶりの作家がここに生れている。そして、彼女自身の魂の原郷への、失われた時への深い思いと、さらに時代の子としての可愛いらしい貌も覗かれるのである。

（文芸評論家）

# ノスタルジックな読書

コミック・シネマ・小説

目次

III



IV

# I

# 森川久美の夢

## 『ドルコンスキイ公爵夫人』

森川久美は、萩尾望都、竹宮惠子、樹村みのり、といったいわゆる〈昭和〉二四年組よりもいくぶん後の世代の作家です。彼女の作品は歴史ものが主で、ルネッサンス期イタリアや薔薇戦争の英国、一九世紀のヨーロッパ、一九三〇年代の上海、中世の日本、といったクラシックなドラマの舞台として適切な時代設定がなされています。その独特の耽美的な作品世界は少女漫画ならではとも言えるのですが、歴史に関する確かな知識と独自の視点がそれを単なる絵空事や感傷に終わらせず、読者の心に長く残る何かをもたらしているように思います。

『ドルコンスキイ公爵夫人』（一九七七）は、ロシア革命を背景とした小品です。あるフランス人の若いかけ出しの小説家が、自分の作品が受け入れられないパリを逃れてペテルブルクに滞在し、そこで年の離れた夫と心の通じ合わない孤独な若い公爵夫人リーリャに出会い、人目を忍ぶ仲になります。やがて火遊びの域を超えて本気で彼女を愛するようになった彼は、リーリャと共にフランスに戻ることを考えますが、彼女はその勇気が出ず、彼はリーリャの臆病さを非難し想い出を振り切って一人帰国します。やがて八年の年月が流れ、売れっ子作家となった彼のもとに、ロシアの革命に巻き込まれてドルコンスキイ公爵夫人が死んだという知らせが届く……。

ストーリーはまさしく定石どおりなのですが、このごく短い作品に深く感動させられたのはなぜだったのでしょうか。森川久美の作品では、どこまでも歴史の敗者が主役になっています。それも、運命に抵抗し最後まで戦うような定番少年漫画の主人公とは違い、運命を淡々と受け入れてゆく、あるいは一歩を踏み出すことができず否応なしに流れに巻き込まれて飲み込まれてしまう、いわゆる弱者です。道義的に考えれば、何の抵抗もせずに運命に流されるのはいけないことかもしれません。ただ、現実の歴史上、戦うことすらできずに犠牲になった人たちというのはたくさんいたはずなのです。そこまで考えなくとも、ドラマにおいてひたすらな美を追求するならば、滅びの美というものはそれだけで一つの完成形となり得るでしょう。
ここは森川久美の独特の滅びの美学、ということでそれを堪能した方がいいだろうと思います。それまでに読んだ他の漫画であれば、公爵夫人は恋人を追ってどこまでも行くだろうし、それで大長篇になるかもしれないのに、ただ弱気なだけで行動できず、そのまま別れてしまうヒロインに、むしろリアリティさえ感じてしまったのは、自分がやはり弱気で平凡なタイプだからだったのでしょうか。波乱万丈のドラマの似合うタイプと似合わないタイプがいる、ということを私は既に知っていました。もしかしたら、二四年組よりも後の世代になる森川久美にも、そういったある種の現実に対する諦めまたは醒めた感覚があったのかもしれないと思います。歴史に流されゆく人間の滅びの美学をひたすらな耽美的表現で描く彼女の作品世界の根底には、そんな世代的気分が横たわっているのでは、などと思うのは考え過ぎというものでしょうか。

一瞬胸の奥にあの日々がよみがえる
時の流れをこえて今めぐる　なつかしい夢——
夢のために死ぬことはむつかしい

それはあなたが教えてくれたこと
リーリャ　心弱き乙女
北の国で散ったひとの
葬いに――

（『青色廃園』白泉社）

## 『君よ知るや南の国』

『君よ知るや南の国』は、一八四七年、オーストリア統治下にあったイタリア・ミラノを舞台にした物語です。イタリア貴族の気の強い令嬢ヴェネレは、オーストリア人の男友達のマキシミリアンらに囲まれ、幸せな日々を送っていましたが、そこに現れた陰のある美青年アントニオに強く惹かれるものを感じます。アントニオはオーストリア士官の婚約者を誘惑して決闘で士官を殺したりする冷血の殺人者でしたが……。

彼は実はオーストリア支配に抵抗するイタリア人の組織の一員カルボネリーア（炭焼き党員）であり、一六年前に失敗したローマ蜂起のメンバーの一人だった公爵の息子でした。公爵の遺児である幼い姉弟は牢獄に幽閉されますが、姉だけは許されて親類のもとで育つことになります。そしてその姉こそが、ヴェネレその人でした。十数年を牢獄で孤独に育ったアントニオは、オーストリアに対する復讐の念を生き甲斐とする青年に成長していたのでした。

　恋情さえ抱いた相手が血を分けた弟だったことを知り、ヴェネレは捕らわれたアントニオを救い出そうとしますが……。

　この物語の舞台設定は、ルキノ・ヴィスコンティ監督の映画『夏の嵐』を思い出させます。『夏の嵐』では、アリダ・ヴァリ演ずるイタリア貴族の夫人がオーストリア士官との不毛な情事にのめりこんでいきましたが、こちらは姉弟の物語ということで、より古風で清澄な復讐の悲劇といった趣になっています。森川久美のヴィスコンティへの傾倒は明らかで、この作品中でも現実に彼の先祖に当たるミラノのヴィスコンティ伯爵がアントニオを支援するカルボネリーアの指導者の一人として重要な役で出てきます。

　歴史に流され飲み込まれる犠牲者としての美青年アントニオの姿は、『ヴェネチア風琴』のジェンティーレや『天（そら）の戴冠』のリチャードらと通じるキャラクターであり、森川久美の独特の滅亡の美学を体現していると言えるでしょう。名も知れぬ死者たちの命のつかの間の輝きを彼らを通してとどめようとしたのか、そういった歴史への哀惜の表現であるのか……たぶんそれは考え過ぎかと思います。森川久美が試みたのは、純粋に美しく浪漫的な物語を構築することで、そのために必要十分な舞台設定と人物造型をなしたのだろうと思います。けれども、それを分かっていてもなお、この一見現実離れした古風な物語に、何か人間や歴史についてのリアルな本質を考えさせるものをどこかで感じてしまうのは私だけだったでしょうか。

ヴェネレはマキシミリアンの助けを借りてアントニオを牢獄から救出することに成功しますが、アントニオはそのまま次の戦いに赴くため姉に別れを告げます。やがて一八四八年のイタリア独立戦争が起こりますが、結局オーストリアに鎮圧され独立は成功しませんでした。パリに亡命する直前のヴィスコンティ伯がヴェネレのもとを訪れアントニオの死を知らせます。ヴェネレは弟を思い、一人テラスで泣き崩れるのでした。

「伝えてくれと言ってました。

……

自分が戦うのは夢の中のイタリアのため
あなたは彼の恋いこがれる
イタリアそのものだったと──」

(『ヴェネチア風琴』白泉社)

## 『シメール』

森川久美は金沢出身ですが、この世代の少女漫画家で金沢出身・在住のグループが形成され、商業誌には載せられないようなマニアックで地味な作品を仲間うちで同人誌を作って載せていたことも、熱心な読者たちにはよく知られていました。独特のメルヘン風絵柄と英国を舞台にしたストーリーで知られる坂田靖子や、妖精ものに独自の存在感を示し惜しまれながらガンで夭折した花都悠紀子、その実妹に当たる幻想耽美派波津彬子……いわゆる金沢派の作家たちは、凝った唯美主義的絵柄や浪漫的ファンタジー・メルヘンの表現に共通するものがあるように思います。

絵においてもストーリー構成においても、古典や歴史に関する豊富な知識がベースとなっていて、絵や場面の美的完成度を追求するあまりにプロットに破綻をきたしたり、あるいは人物造型が意識的にステレオタイプになっていたりするところは、やはり金沢出身の泉鏡花の小説世界を思い出させられます。地元の伝統工芸である金銀細工の職人の家に生まれた泉鏡花の感性に、生育過程で自然と刻み込まれたに違いない絢爛たる色彩感覚や、血の作用としか思えない土俗のフォークロアの臭いを、あの驚くべき孤高の作品群が明らかに示しているのですが、森川久美のいくぶん硬質な耽美的作風にもそれに近いものが感じられるように思うのは私だけでしょうか。

森川久美は加賀友禅の絵画的装飾美に惹かれ、また、華道は草月流に親しんだということですが、どこか大胆であったり現代的感覚さえ感じさせる、伝統を固く守りつつも中心からはずれたローカルであるためにある意味で自由さのあるこれらの表現もまた、彼女の漫画の世界と通じている気がしてなりません。

『シメール』（一九七七）は一九世紀末のパリを舞台にしたアルカイックな復讐譚・ピカレスクロマンです。幼い頃に罠にかけられて両親を殺された美青年イヴ・ラクロワが、大道芸人から人気舞台俳優となり、両親を破滅させた仇敵の実業家たちへの復讐を遂げていく、という定石通りのストーリー。イヴは森川久美の作品に必ず登場する女性的な美貌のパセティックなキャラクターです。

ピカレスクロマン、いわゆる悪漢小説は、悪人を主人公とした物語で、ジャンルとしては古代ローマ時代からある古典的なものですが、この頃の少女漫画において主流とは決してならないまでも一つの伏流とはなっていたように思います。シンプルな分かりやすい勧善懲悪ものがますますリアリティをなくしていく時代にあって、甘美な悪の香りはことさらに魅力的なものでした。少女漫画の世界においては、女性的なルックスの美青年や美少年が冷酷にマキャベリズムを体現したりするストーリーが主であり、「美しい悪」という観念に言いようもなくセンシュアルなものを感じて惹き付けられました。もちろん現実とは大きく乖離しているのだけれども、悪とエロスとの結びつきというものを少女漫画というジャンルで表現しようとすることは、実はそれまではほとんど見られなかった試みだったのです。

イヴは復讐のため、仇敵の実業家の娘である清純な少女アンヌ・マリーを誘惑して転落させ、悲惨な死に追いやります。アンヌ・マリー自身には何の罪もなく落ち度もないにも関わらず、仇敵の愛してやまない対象であるというそのことのために、イヴは彼女に対する良心の呵責を感ずることがありません。自分をひたすらに愛する相手を冷酷に見捨てたり、あるいは顔色一つ変えずに自らの手で殺したりする美青年のキャラクターは、やがて青池保子の『エル・アルコン—鷹—』で完成を見ることになるのですが……。

## 『天（そら）の戴冠』

歴史上の人物も、視点を変えて見るとそれまでの一般的イメージとは全く別のキャラクターになることがあります。『天（そら）の戴冠』（一九七六）は、シェイクスピア劇などで悪名高いリチャード三世を主人公として、彼の視点から薔薇戦争の時代の英国を見た作品です。

紅薔薇のランカスター家と白薔薇を紋章とするヨーク家の英国の王位継承を巡る争いであった通称薔薇戦争は、一四五五年から八五年まで三〇年にも及ぶ長い内戦でした。一四六〇年、ヨーク公リチャード・プランタジネットが戦死した後、エドワード、ジョージ、リチャードの三人の息子が残されます。

父の跡を継いでヨーク公となった長子エドワードは金髪碧眼の美男子で、武勇にすぐれた生まれながらの王の器でした。ジョージは少々軽薄なところはあるが好人物、末子リチャードは黒髪の内向的・思索的な性格で、金髪をきらめかせる自信に満ちた兄弟たちとはどこか肌合いの違いを感じていました。親類でもあるウォリック伯の居城に身を寄せたリチャードは、兄エドワードと同じ金髪のウォリック伯令嬢アンに心を惹かれます。トーマス・マンの『トニオ・クレーゲル』のトニオのように、繊細で内気な黒髪のリチャードは、自分とは正反対のまぶしく強い金髪の美青年のエドワードや美少女アンに圧倒されつつも惹かれ続けます。

敵に捕らわれたエドワードを救出して兄と共に戦い、逃れて渡ったオランダで、戦いに疲れ切ったリチャードは、そこまでしてなぜ王冠にこだわらなければいけないのか、とエドワードに疑問をぶつけるのですが、エドワードはこう答えます。

「私はヨークのエドワードだ　そう生まれついた
戦いがあり大勢の者が死んだ　その中には父の血も入っている　私は血まみれだ！
それから逃げることはできない　私がすすんで浴びた血だから！
私には生きて王になるしかない」

それを聞いたリチャードは、「この人は……生まれついての王だ……勝利をめざす　そのことによって人生の王なのだ」と、己の弱さを恥じ、「あなたに従います」と、兄への忠誠を誓うのでした。

やがて兄弟の戦いは勝利をおさめ、リチャードは兄をついに念願のイギリスの王位につけることに成功しますが、国王となったエドワードの、弱い者を顧みることなく犠牲にして何も感じることもない無慈悲さに違和感を覚えるようになります。彼がひそかに思いを寄せていたアンも、エドワードは一時の慰みものにして捨て去り、不遇に不満を抱いていた弟ジョージも処刑してしまいます。リチャードは遂にアンを妻としてロンドンを離れヨークシャーへ向かうことを兄に告げます。

「私がいつお前をうとんじた　リヴァーズは有用だ
だから使ってるだけだ
それでも奴の権力が気に食わないなら　横領罪でもでっちあげて首切り台に送ったらどうだ！」

こう言うエドワードに、リチャードは答えます。

「あなたならそうするだろう」
「そうだ　おまえはしない　私にはわかっている　おまえはそういう人間だ
私がなぜ怒るかわかるか　お前のそんな所にひかれているからだ」

兄のこの言葉に、リチャードはただ許しを乞い、ヨークシャーへと向かいます。
ヨークシャーでのアンと二人の平穏で幸せな日々……やがてエドワードの死が知らされ、ロンドンに呼び戻されたリチャードは、リヴァーズ伯の陰謀により次期の国王とされることになります。兄の二人の遺児を退けた王位簒奪者の汚名をかぶることになった彼は、孤独な王位に就きリチャード三世として自らの手を汚していく運命に巻き込まれていきます。

やがてランカスター勢力が巻き返しボズワースの野で対峙することになったリチャード
は、一四年前の戦いでの若き兄エドワードの面影を思い浮かべます。

彼は美しかった　力　威厳　悪も目標のためには正義と信じる強さ
それは私には　いや彼以外の誰にもないものだった
私は金色の獅子に憧れた

リチャードには兄のような強さは生まれつき備わっていませんでした。美しく冷酷な兄
……しかし、だからこそ彼はエドワードを愛してやまなかったのです。

「陛下　王冠を！」

こう呼び戻そうとする部下の声を振り切り、リチャードは帰ることのない戦いに進んでい
きます。

「すてておけ！　そんなものに心動かされたことはない！」

こうしてリチャード三世は戦死、ランカスターのヘンリーが即位してヘンリー七世となり、ここに三〇年間におよんだ薔薇戦争は終わりを告げるのです。

強く美しく酷薄な金髪の兄と、内気で心弱く優しい黒髪の弟、という対比的な人物設定は、対照的な性格の兄弟の葛藤を描く聖書のカインとアベルの物語をはじめとして、『エデンの東』などにも見られるお決まりのパターンの一つなのですが、それを歴史上の極悪人とされるリチャード三世の物語に援用したのは独自の発想ではないかと思います。自らが正義であることを決して疑うことのない強さを持つ野心家エドワードと、己の弱さを自覚し王冠を望まないリチャードの対比にはあるリアリティを感じることができます。エドワードへの愛も憧れも結局遂げられることのないままに歴史の闇に消えていったリチャードの姿に、私は言いようもない感動を覚えたのでした。

## 『プリマヴェーラ』

森川久美のイタリア・ルネサンスものには、『ヴェネチア風琴』『花のサンタマリア』のような耽美的悲劇もありますが、『カスティリアの貴婦人』『プリマヴェーラ』のようなハッピーエンドのコメディもあります。どの作品にも男装の麗人や女装の美少年が出てくるところも特徴で、時代設定としてコスチュームプレイを存分に楽しめるというルネサンス期の利点をよく生かしていると思います。

『プリマヴェーラ』は一五世紀中ごろの北イタリア、フェラーラ公国が舞台。人々に「プリマヴェーラ」（春の女神）と呼ばれて慕われる大公の娘で公国の摂政ドンナ・フィリベルタは、ある祭りの夜、恋人であるミラノ貴族ロレンツォと共に仮面をつけてお忍びで町に出ていましたが、そこで人々に異教徒としてさげすまれているトルコ人の美しい旅芸人アーマドを助け出して宮殿に連れて帰ります。

容姿は花のように美しいけれども毒舌のアーマドに同情したフィリベルタは彼女をお抱え音楽師として雇うことにしますが、その時アーマドが実は女装していた男性だと分かり驚きます。大公の娘であるフィリベルタに対してもずけずけと無礼なもの言いをするアーマドですが、楽士としての腕は確かでした。

イラムの園は薔薇もろともに朽ちはてぬ
昔をしのぶは　水のほとりの　白い花群

琵琶に似たトルコの楽器を鳴らしながらけだるく哀愁を帯びた東方の歌を歌う彼は、ふだんのふざけた無礼なアーマドとは別人のように憂いを帯びた雰囲気が漂っています。フィリベルタはそんな彼の姿にふと心を揺さぶられるのでしたが……。

彼女の恋人であるロレンツォは、アーマドを見て驚いた顔をします。二人は旧知の間柄でした。

お前だとはわからなかったぜ　サラディン
オスマントルコの王子が　乞食芸人になるとはな

僕の自尊心は政争の道具であるより　乞食をしよう
と道ばたで歌を歌おうと、

「ただの人間」であることを選ぶよ
チェスの駒じゃあるまいし　政治にもて遊ばれ
いつもいつも　刺客の影におびえ

アーマドはオスマントルコ帝国の王子で、政争に巻き込まれてイタリアに亡命したのですが、そこでも刺客に追われ、王子の身分を捨てて旅芸人に身をやつして放浪の旅を続けていたのです。ロレンツォもミラノの貴族ではなく、ヴェネチア共和国の刺客でした。彼はフェラーラ公国を混乱に陥れるため、摂政であるフィリベルタの命を狙って入り込んでいたのです。

アーマドは身分を知られてまた刺客に追われる生活に戻るのを恐れ、ロレンツォのことを他人に話すのを控えますが、自分を助けてくれた心優しいフィリベルタだけは見捨てることができません。

ロレンツォを愛してますの？
あなたをだますのはわけないことでしょうね　宮殿の中しか知らない箱入り娘さん
ましてやあいつは人をだますのが商売！

恋人に対する中傷だと思ったフィリベルタは彼と言い合い、怒ってアーマドを宮殿から追放してしまいます。アーマドは姿を消し、彼女は彼の存在がいかに大切なものであったかにようやく気付くのですが……。

彼が姿を消して一週間後、ロレンツォがとうとう刺客としての正体をあらわしてフィリベルタに剣を突き付けます。突然のことに呆然とする彼女の前に現れたのは、やはりアーマドでした。彼はロレンツォと戦って彼を倒し、フィリベルタはついに彼の本名を初めて呼びます。

サラディン……

これで出ていけます　フェラーラを
あなたが好きでした　マドンナ

そう言って去ろうとするサラディンに、フィリベルタは駆け寄り彼の胸に飛び込んでいきます。

命令は取り消しです　ここにいなさい
あなたが好きです

こうして、トルコ人サラディンの長いさすらいは終わります。……ルネサンス時代の歴史をひもとけば、ボルジア家全盛の頃のローマにオスマントルコ帝国の王子が人質として滞在していたことが史実として分かりますが、それをこのようなラブストーリーに変えたのは森川久美のオリジナルの発想。現実としてはイスラム教徒であるオスマントルコの王子とキリスト教徒のイタリア半島の公国の公女が結ばれることはあり得なかったでしょうが、東洋人である私にとってはこの作品は実にエキゾチックでロマンのある恋物語に思えたのでした。

## 『ヴェネチア風琴』

ヴェネチアという町は、少しずつ水没していく水の古都であると言われますが、ローマ時代から中世、ルネサンスと長い歴史に彩られ、爛熟しきって腐敗し崩壊すれすれの退廃的ともいえそうな文化があり、洗練を通り越してゆがんだ真珠のような特異な美意識が感じられるように思います。そういった死の匂いのする古都の逃れようのない不可思議な魅力を描いたのはトーマス・マンの『ヴェニスに死す』でしたが、マーラーをモデルにしたとおぼしき老作曲家が、旅で滞在したヴェネチアでこの世のものとも思えない美貌の少年に出会い、心を奪われ少年と言葉もかわすこともないままにその美に魅入られたようにして流行り病に倒れる、というストーリーは、ヴェネチアという町を舞台にしたからこそリアリティを獲得したのではないかと思います。

『ヴェネチア風琴』は、そういったヴェネチアの魔性の魅力とも言うべきものをよく表現している作品です。もと神学生の大道芸人マルコの、謝肉祭（カルナヴァーレ）の夜に出会った一六歳の貴族の美少年ジェンティーレとの短い関わりと心の触れ合いは、父のアドリア海での水難事故を知ったジェンティーレの覚悟の自殺によって終わりを告げます。毒を含みマルコに抱かれたまま彼の心臓は朝になると止まっているのですが、しらじらとした聖灰水曜日の朝の光が彼の細かい金髪を照り返しているシーンは映像として目に焼き付いています。

滅びの運命に抗うこともせず自死を選ぶ少年、というキャラクターは森川久美の他作品、『青色廃園』などに出てきますが、ここでそういう人生への対処の仕方について倫理的に考えるような野暮なことはせず、一つの美意識の表現であると純粋に受け止めて、その頽廃美のここちよい不安感にしばし身をゆだねるのがよいかと思います。

古代ローマの歴史では、最初のピカレスクロマンと言われる『黄金のロバ』を書いたペトロニウスという文人貴族が、ネロ皇帝の怒りに触れて死刑を申し渡されることになったため、自邸で大晩餐会を開き、その直中で妻と共に手首の血管を開いて皆と歓談しながら自死していった、という話が伝わっています。このエピソードは歴史小説の『クオ・ヴァディス』（ヘンリク・シェンキュヴィチ）にも使われていてかなり有名ですが、一つの死との向き合い方として考えさせられるものがあるのではないでしょうか。

## 『蘇州夜曲』

森川久美の美少年キャラクターの絵には、明らかに大正昭和初期の挿絵画家高畠華宵の美少年画の影響が見られますが、その本家がえりとも言うべき作品が『蘇州夜曲』『南京路《ナンキン・ロード》に花吹雪』の一九三〇年代の上海ものです。左遷された日本人新聞記者やボヘミアンの画家、日華混血の謎の美少年黄子満（ワンツーマン）、日本特務機関の軍人や大陸浪人、金髪のロシア人娼婦、などなど、いかにもステレオタイプのキャラクターが定石どおりのストーリー展開で、日中戦争に向かう時代背景の中ドラマティックに戦ったり愛したり憎んだりする物語は、まさしくあの「立川文庫」のリメイク版ともいえそうな、漫画というより懐かしの絶滅ジャンル絵物語の世界です。

この徹底した確信犯のアナクロニズム、これでもかというぐらいに追求してゆく絶滅ジャンルへの偏愛の情は、単なる懐古趣味のセンチメンタリズムと言うには強烈すぎ、あるいは単なる知識顕示欲というにもピュアでありすぎ、ローカルの逆襲とでも言えそうなおかしみのあるエネルギーさえ感じられてきます。

金髪のロシア美女リリィが実は犯罪シンジケートのボス、チャイナ・クイーン（このネーミングも物凄い）であり、主人公の日本人新聞記者本郷に口を割らせるため自ら鞭打ちの拷問をしたり、謎の美少年黄子満が清王朝の血を引く母親と日本特務機関の黒幕の大佐との間にできた混血児で、二重スパイとして暗躍、父親と再会し無理矢理その父に口づけをされる、などといった絵的にサービス満点の場面設定も多くあり、しばし昭和初期の挿絵入り連載大ロマンの世界に浸り切った時の快感は忘れられません。

こういうダイナミックな（大袈裟な）舞台設定ストーリー設定の荒唐無稽系B級フィクションの楽しみは、時代考証だの用語だの重箱の隅をつつくようになってきた（?）昨今ではなかなかもう味わうことができないものです。市民権をまだ得ていなかった頃の漫画だからこそ、まあ漫画ですから、で許されたエアポケットの時代であったからこそ、なのかもしれないとは思いますが……。

# ますむらひろしの猫

## 『アタゴオルは猫の森』

アタゴオルとは、どこにもない場所で、猫と人間のユートピアです。この世界ではもののサイズがなんだかちょっとずつ大きい。果物も花も食べ物も大きくて丸いのですが、ふと考えてみたら、これは猫の目で見たものの大きさなのかも、と気付きました。一般に、可愛い、と言うとミニチュアで、もののサイズを小さくして可愛さを出すことが多いようですが、ここでは逆で、サイズを大きくしても可愛く見えることがあるんだ、と少しばかり瞠目しました。

ますむらひろしのアタゴオル・シリーズは、一風変わった幻想メルヘンですが、この夢に満ちたユートピアの主人公がヒデヨシという大食漢の大猫であるところがまた最高に楽しいのです。いつも食べることばかり考えていて、妙に徹底したリアリストであるヒデヨシは、かっこよくもないし、ダメダメなキャラクターですが、多少厚かましいところも憎めなくて可愛い。アタゴオルの猫たちは人間と同じサイズで、直立歩行をしています。もちろん人間の言葉をしゃべり、人間と対等に付き合っています。

これは猫という動物の特徴をうまく生かしていると思います。何やら神秘的哲学的に見えることもあれば、ずる賢くすばしっこくも見え、一方で間抜けで全然やる気のなさそうな、何も考えていないからこそ何を考えているのか分からない、という、リアリストとロマンチストの両方の要素を持った身近な野性……。

アタゴオルのようなメルヘンの世界にフェアリーみたいな美しいキャラクターばかり置いて、浮き世離れした夢のようなセリフばかり言わせている、というのはさすがに作者は恥ずかしかったのではないか、とは家人の指摘。こういう図々しい図体の大きい食欲の固まりの大猫が綺麗な蝶よ花よのメルヘンランドのまん中でおバカをやって相対化しているからこそ、照れずに何とか続けることができるんじゃないか、と……そういう感覚はとても理解できる気がします。もっとも、このキュートなお笑い猫がひたすら食べることを追求し、メルヘン世界にとって致命的な生活リアリズム的興醒め発言をくり返せばくり返すほど、アタゴオルの世界が夢のようにやわらかく美しいユートピアとして完成度を増していくように見えるところが不思議です。

## 星ミカンの島

アタゴオル物語の主人公である食い意地のはった大猫ヒデヨシのかけ声は、「イエ！　紅まぐろ！」……ヒデヨシは色気より何よりまず食い気、なので、女の子にもあんまり関心がありません。太って大きなお腹を揺らしてボンゴという大太鼓を叩く彼のパワーはものすごい。それも全ては紅まぐろや銀くじらのためです。

アタゴオル物語に出て来る食べ物は、現実にはあり得ないものなのですが、何だか食べてみたくなる、憧れを抱かせるネーミングです。紅まぐろはヒデヨシの身長と同じぐらいの大きな魚ですが、やっぱりおいしそうな響きだし、銀くじらというのも……ヒデヨシの頭の中をのぞいてみれば、そういった食べ物のイメージに満たされていることが分かるでしょう。

もう一つ、憧れの食べ物は星ミカン。とある島の特産物で、数が限られるため、めったに口にできない貴重品です。これは意地きたなく一人占めしてたくさん食べたりすると、身体が星の形になってしまい激痛に悩まされるのです。ヒデヨシももちろんその一人。彼を救ったのは夜空に輝く星の女神でした。

ヒデヨシとは全然性格の違う猫で、唐揚げ丸というキャラクターもいます。彼は芸術家肌で寝食を忘れてバイオリンをひいています。こちらはあまり食べ物には興味がなさそう……何やら神秘的な哲学者めいた彼の性格も、猫のある一面を代表している感じです。

ヒデヨシを脅かす悪役ライバルは「欠食ドラネコ団」の三匹です。「ぼっぼっぼくらは欠食ドラネコ団〜」と、テーマソングを歌いながら登場、食べ物をめぐりヒデヨシたちと熾烈な争いを……人相（猫相）が悪い野良猫たちですが、やはりどこか抜けていて今一つ詰めが甘い。村をおびやかす盗賊団のはずなのに、恐れられるよりもむしろ皆に呆れられていると ころが楽しいです。

## 『霧にむせぶ夜』

ますむらひろしの処女作は、一九七二年、二〇歳の時に『少年ジャンプ』の手塚賞に準入選した『霧にむせぶ夜』ですが、これは七六年以降八〇年代にかけてのアタゴオルものに発展してゆく、猫のメルヘン世界の原点が見られて興味深い作品です。

私はこの『霧にむせぶ夜』をリアルタイムで読んだ読者の一人ですが、猫の絵があまりにリアルで細かいのに驚き、また、怖い中にも奇妙にユーモア漂う猫たちの不思議な夜の世界に魅惑され、その後ますむらひろしの名前は忘れても作品のことはずっと覚えていたのでした。何年も後になって、『アタゴオル物語』の作者とこの重ためのテーマの作品の作者が同一人物だと知った時の衝撃……この二つを結ぶ線といえば「猫の幻想もの」というところなのでしょうが、同じ猫を扱ってもここまで正反対の印象を与える作品が描けるのか、とつくづく感慨深かったです。

『霧にむせぶ夜』は、猫の毛一本一本が全部ちゃんと描き込んである、などと新人賞の審査員たちを驚かせていました。猫の出て来る漫画は数多くありますが、ここまでリアルに猫を凝視して極細部まで徹底的に描いた絵というのは後にも先にも見つかりません。これは猫に対するほんわかした愛情などという生半可なものではなく、ほとんどパラノイアックでさえある、猫にとりつかれたような凄みを感じさせました。といっても一方でクールに相対化する視線もあり、重たく張り詰めた中にもすっとぼけたおかしみがあって「抜いて」くれるのですが。

この物語は、人間たちの身勝手による地球の環境破壊に怒った猫たちが、深夜集会を開いて人間撲滅の構想を練る、というもので、当時問題になっていた公害をテーマにしています。ますむらひろし自身の話によれば、水俣病にかかった猫の映像をテレビで見て、自然の怒りを猫の表情から感じ取り、人間たちにリベンジしようとする猫たちの話を思い付いた、とのこと。

のちにヒデヨシという無責任でとぼけた究極の猫のキャラクターを産み出すことになる原点に、こういった自然の怒りを体現する猫、というシリアスな視線があったことに私は何よりも興味を覚えます。猫への盲目的溺愛というだけでなく、猫への怖れの感情もあるところが、本物の猫マニアだと感じるからです。猫という動物は、決してひたすら可愛いだけの相手ではありません。人間のすぐ近くにいながら、クールに距離を保っている、身近な野性であり、夜中に目を光らせたりしている様子を見ればゾッとさせられることもある、小さな猛獣なのです。眠ってばかりいてもどこか威厳のある、侮れない相手です。

『霧にむせぶ夜』のリアルな怒りの猫たちの世界は、ちょうど反転させればアタゴオルののんびりしたユートピアになるのでしょう。ヒデヨシのキャラクターがあれほどキュートで魅力的なのも、ありえないメルヘンの世界であるアタゴオルに不可思議なリアリティがあるのも、そういったヘビーな現実認識が基底部分に確固としてあるからこそ、なのかもしれません。

## 『銀河鉄道の夜』

　ますむらひろしは宮沢賢治の童話をいくつか漫画化していますが、全部キャラクターを猫に置き換えているところが特徴的です。岩手出身の賢治と同じ東北（山形県）出身のますむらひろしの漫画には、確かに宮沢賢治の童話の世界と共通する何らかの感覚があり、彼が賢治童話を漫画化することには違和感がなかったのですが、登場人物を全部猫にしてしまうとはさすがに意表をつかれ、大胆なことをするなあ、と思ったのでした。

　けれども、実際に漫画化された『風の又三郎』や『雪渡り』『猫の事務所』『銀河鉄道の夜』『グスコーブドリの伝記』といった作品を読んでみると、猫が直立して人間の言葉をしゃべっていても、ごく自然にしっくりと受け止められるのが宮沢賢治の童話の言葉であり、またそれだけの広がりのある世界であることが分かりました。ますむらひろしのアタゴオル自体、賢治のイーハトーヴォを受けて作られたローカルな実在の地名の言い換えであり、その哀愁とユーモア、甘美さに満ちた猫のユートピアとパラレルに、あるいはきれいに溶け合って見えたのが賢治のメルヘン世界でした。

　ますむらひろしは中学時代に賢治の童話を読んで「なんでこんなに暗くてさみしい話を書くんだべな」と思っただけだったのが、単身上京して東京の下宿で暮らしていた二〇歳の頃に読み返して、故郷の山の空気や葉の動きを思い出し懐かしく感じたそうです。このように、同じ空気と自然の風景の中で育った人にしか通じないような、言ってしまえば血縁のような感覚の共通性が、賢治童話のますむらひろし的読み替えをなだらかに和合しつつ行うことを可能にしたのではないかと思うのです。

『銀河鉄道の夜』は、『猫の事務所』や『風の又三郎』に比べて、猫のキャラクターが賢治独特の多くの難解なセリフと場面転換にいささか負けている風にも感じられたのですが、そもそもが未完で謎に満ちているあの長篇の童話の雰囲気を、全体としてうまく伝えていたと思います。銀河鉄道の座席に座り窓の外の風景を眺めながらジョバンニがつぶやく「ああほんとうにどこまでもどこまでも僕といっしょに行くひとはいないだろうか」という言葉も、突然親友でありただ一人の道連れであったカムパネルラの姿を見失った時の心細さとショックも、ごく素直に伝わってくるのでした。

猫のジョバンニとカムパネルラが、木製の鉄道の座席にさし向かいでかわすこんな会話も、さらりと流れて自然に、けれどもいかにも賢治の言葉らしく心の最深部にまっすぐ入り込んでくる……そんな不思議な感覚に満たされながら読んだのでした。

「けれどもほんとうのさいわいは一体なんだろう」

「僕わからない」
「僕たちしっかりやろうねえ」

（『銀河鉄道の夜』）

# 樹村みのりの世界

## 『菜の花畑のむこうとこちら』

　ぽかぽかした春の日、一面の黄色い菜の花畑に面した二階家、のどかな住宅街……そんな風景が、三、四〇年前の東京郊外にはよく見られました。

　樹村みのりの漫画に出て来る菜の花畑の隣の家は、今はもう失われた懐かしい郊外風景を思い出させてくれます。三人姉妹のおばさんと小さな女の子まあちゃんの住むその家に、ある時四人の下宿人が住みつくことになりました。四人は近くの短大に通う地方出身の若い女の子たち。女所帯で不用心だからと、最初は男子学生の下宿人を希望していたおばさんたちですが、この女の子たちの熱意に感じて同居生活を始めることになります。

そんな女性ばかりの大家族の日常に起こるさまざまな出来事を、ユーモラスに暖かくソフトな筆致で描いているのが『菜の花畑のこちら側』のシリーズです。

樹村みのりの漫画の特徴は、洗いざらしの生成の木綿のような素朴な爽やかさではないかと思います。派手さはないけれども、暖かく柔らかく、包み込むような絵柄の雰囲気は、あくまで素直で優しく、いつまでも忘れられない何かが心に残っていきます。扱うテーマや視点も自然な真摯さを含んでいて、時にそれが痛ましいまでの無防備さを感じさせることもあります。飾り気のない素顔の、恥じらいを含んだ微妙な輝き……彼女の漫画を読んでいると、私が一〇代の頃、周りにたくさんいた友人たちの顔が、いつの間にか思い浮かんでくるのです。

## 『わたしの宇宙人』

樹村みのりの漫画を読んでいて当時の私が感動したことの一つは、男の子のキャラクターが実にリアルであったことでした。

それまでの少女漫画に出てくる主人公の恋の相手の男性や男の子は、容姿も性格も全然私の好みではなかった、というより、現実離れしすぎて見えていました。

ちょっと昔のホストみたいな女性的な容姿、いつ仕事をしてるのか分からないような生活態度（笑）、それでいてお金持ちだったりリーダーシップがあったり、なんて、そんな男性はまず絶対身近にいると思えなかったし、人間味や魅力を感じませんでした。だから、どうして主人公がその男の子を好きになるのか分からず感情移入ができなかったのです。また、女の子のキャラクターも自分とは全然違って見えていたので、やはり現実感を持って見ることができませんでした。従って、ラブストーリーはあまり好きじゃありませんでした。

私の好みというのは皆に変わってると言われたのですが、『ひょっこりひょうたん島』に出てくるハカセ君みたいなタイプでした。ふつうはひょうたん島を見てる女の子はダンディを好きになるものよ、と友だちに言われたのですが……。ともかく、メガネをかけてクールでおとなしい感じの男の子が好きでした。自覚はしてましたが、父と似たタイプ、ということになります……。

樹村みのりの漫画で、ほんとに私は初めてメガネをかけた男性が相手役として出てきたのに出会ったのです。それは嬉しい衝撃でした。ああ、ここに、やっと私も好きになれる男性のキャラクターがいる、と思いました。女の子のキャラクターも地味めで素顔っぽくナチュラルだったし、メガネをかけてそばかすのある女の子が主人公になっていたりしました。身なりを構わない、誠実で不器用な照れ屋の女の子、そんな女の子が時折見せるキラキラした表情の微妙な美しさや魅力を、樹村みのりは自然に描いていて、身近にいる友だちや同級生を見ているようにリアルな感じがしました。

『わたしの宇宙人』を読んだ時、私はそこに出てきた男性のキャラクターに惚れ込んでしまい、「ああ、こういう人が私の理想の男性だ！　こんな人と結婚したいなあ」と、少女漫画を読んでいて初めて思ったのでした。

『わたしの宇宙人』は、画廊勤めの女の子が、ある晩友だちの結婚披露宴の二次会で飲み過ぎてしまい、朝目を覚ましたら隣に知らない男性が……という、よく考えてみたら当時としてはいくらでもドロドロした展開にできるシチュエーションで始まるのですが、全くそんなことはなく、樹村みのりらしいとぼけてほのぼのしたストーリーになっていました。その彼は生真面目な男性で、メガネをかけ直すと、「責任を取ります。結婚して下さい」とその場で頭を下げ、大まじめに彼女の家までついて来て、両親に結婚を申し込むのです。

　そんな冗談みたいなきっかけで結婚した二人の話が、これまたユーモアを含んでほほえましく語られていきます。いつも妻に「あなた」と呼びかけ、「ぼくもそう思います」などと、敬語を使って話す実直そのものの彼は、照れ屋で無口だけれどもどこまでも優しく誠実です。そんな男性は、それまでの少女漫画の主人公としては全く出てこなかったけれども、身近によく見かけるようなルックスだったし、それに近い性格の男の子もたくさんいて、容易に思い入れできました。読んでいて、ほんとに彼が好きになってしまうのを感じました。やがて二人に子供ができて、二人が道を歩きながら、「ぼくは一度も男らしく、なんて言われないで育ったんですよ」「わたしも」なんてしみじみ話をする、そういうシーンがずっと記憶に残っています。

樹村みのりの漫画に出てくる男性や男の子は、決してかっこいいわけではなく、外見も地味だけれどもほのぼのと優しく、おずおずと恥ずかしそうに思いを口にする。それでいて男らしさ、少年らしさが自然に見える、私にとってはリアリティのある理想的なキャラクターでした。女の子もまた、それに近い自然さで、菜の花のようにつつましく優しい、でもやはり少年のようなところのある不器用なタイプ。こんなキャラクターのラブストーリーに、私は最も現実味のある夢を感じたのでした。

## 『おとうと』

樹村みのりの漫画には、よく「おとうと」が登場します。おとなしくておっとりした姉さちこさんと、やんちゃで正義感の強い弟昇平くんのシリーズ『おとうと』『おねえさんの結婚』『ウルグアイからの手紙』の三作がその代表的なものでしょう。

昇平くんをはじめとした少年のキャラクターは、パワフルな悪ガキでいてナイーブで照れ屋、という、いわゆる正統派クラシックな少年そのものなのですが、彼らがいかにも生き生きとリアリティのある感じがするのは、樹村みのりに本当に弟がいたからなのだろうか、とも思ったりします。

樹村みのりの漫画に出てくる男性は、それが中年男性であってさえ、みな少年っぽさの残る性格で、やはり「おとうと」的なタイプであるように見えます。女の子にとっての男兄弟、特に弟は、幼い頃は一緒に遊び、そのうち別々の世界に住むようになるのだけれども、常に近くにいて、何も話さずお互いに無関心のようでいながら、ちゃんとどこかで存在を感じ見守られたり見守っている、そんな微妙な同居人です。

昇平くんにとって、おっとりしすぎの姉は、いつも人に騙されたりして損をしているのに気付かないでいるお人好しのように見え、いらだちの対象になります。彼女自身は別にそのことを気にしていないのだけれども、正義感の強い昇平くんは何とか姉を助けようとする。そんな弟の気持ちがさちこさんにはほほえましく、くすぐったいものに感じられます。

そんな風に、弟は幼くてもどこか骨太な男らしさを秘めていて、ふとそのことに気付く時、姉はたじたじとなることがあります。弟がいきなりまぶしく見えることがある。さちこさんが東京の大学に行くために家を出る日、昇平くんは挨拶もせずに山登りに出かけてしまうのだけれども、手渡された手紙を電車の中で読んださちこさんは、そのあまりに青臭きまじめな内容に笑いを堪えることができなくなります。
姉へ、
人生は「なぜ」という疑問詞の宝庫であり、
生きるとは、行動と意識の渦中における
数限りない覚醒の連続です。
……（中略）……
それらは星のように輝くでしょう。
生きよ、生きよ、生きて苦しめ！
幸福を祈ります。
昇平

（『ポケットの中の季節2』小学館）

## 『ウルグアイからの手紙』

さちこさんと昇平くんの姉弟シリーズの最後にある『ウルグアイからの手紙』は、さちこさんの高校時代の初恋の物語です。

ある日、学校帰りのバスの中でさちこさんが出会った若者は、小学校五年生の時に三ヶ月間同級生になり、すぐまた転校してしまった吉田くんでした。吉田くんはその後、両親を亡くして一人になり、各地を転々としながら写真の仕事をしていて、この街に戻ってきたのです。

吉田くんは小学校の時、つかの間の同級生だったさちこさんに勉強を手伝ってもらったことを忘れていません。さちこさんは吉田くんに惹かれるものを感じ、彼の仕事を手伝うために毎日夕方に写真館に行くようになります。吉田くんは小学生の頃からのさちこさんへの想いを告げ、彼女に会うためにこの街に戻ってきたことを打ち明けます。しかし、同時に彼はこれからウルグアイに旅立つことになっていて、彼女に別れを言いに来たのだ、とも……。

この放浪者としての少年像もまた、樹村みのりの作品の中にくり返し出てくる主要キャラクターの一つです。たとえばアクショーノフの『星の切符』の浮浪者のように、いつの間にかやって来て、短い時間を主人公と共に過ごし、主人公のその後の人生に強烈な影響を及ぼしながら、またいずこへかと去る、忘れ得ぬ旅人……。透明で穏やかな少年のような彼らの存在感は薄いように見えながら、彼らの言葉はそれゆえになお鮮やかな意味を浮かび上がらせてゆくのです。

空よ空よ　いつでもぼくらの頭上にあるきみよ
ぼくらが失せるときにも　きみのその広がりは永遠であるように
ぼくはいつでも旅をして　いつどこで生きようとも
初めて会う人にも　もう二度と会うことのない人にも
できるかぎりの真実と誠意を尽くすだろう
「旅にでる時のね　おまじないなんだ」

吉田くんはそう言ってさちこさんに微笑みかけます。さちこさんはその時、彼との別れを予感します。「長居をして愛する人を傷つけることのないように」と、ウルグアイへと旅立つ彼に、さちこさんは同様に微笑みを返すのです。
二ヶ月後、さちこさんはウルグアイからの絵葉書を受け取ります。
見知らぬ異国の美しい風景を写した絵葉書には、ただこれだけの言葉が書かれていました。

「元気ですか？
幸福ですか？」

（『ポケットの中の季節2』小学館）

## 『翼のない鳥』

「むかし、むかし、あるところに三人の息子を持つお百姓さんがいました。……」『翼のない鳥』（一九七五）は、こんなお伽話のスタイルで描かれている作品です。

長男は働き者、次男は賢くて、……そして三男のジョーイが物語の主人公。ジョーイは幼い頃から、空を飛ぶことを夢見る夢想家でした。村で一番高い木に登り、いつも飛ぶことばかりを考えているジョーイを、村の人たちは変わり者と呼びます。

ジョーイはやがて故郷の村を出て、いつか空を飛ぶことを夢見ながら、さまざまな人々に出会い、さまざまな体験をします。鳥になるための修行をする人たちの集まる村で、鳥が現実には自由でなく、飛ぶことでさえ季節や風の方向に左右されると気付いたジョーイは、自分が鳥のように飛びたいと思ったことは、鳥そのものになることとは違うと知り、村の人々に別れを告げるのでした。
理想のために闘っている人たちの村では、まさにその理想のために生じる争いで人を殺しそうになり、その場を離れますが、次に出会った山の中で自給自足の生活をする少女との恋もまた、少女の思いがけない死によって終わりを告げます。少女との恋が実った時、ジョーイは夢の中で空を確かに飛んでいたのですが……。

「飛ぶこととひきかえにひとりぼっちになるのなら　飛べないほうがいい」

愛する人を失って心にぽっかりと空洞を抱えたジョーイは、荒れた生活をしながら放浪を続けていきます。時間はそんなジョーイのことなど知らぬふりでひたすら流れていくのでした。やがてある日、以前鳥になろうとして修行していた仲間の若者が、すっかり落ち着いた紳士になってジョーイと再会します。

「今のきみではたとえどんな翼がついても重くて飛び上がることさえできない」

彼の言葉は真実でした。

長い荒れた生活で、心も体ももはや飛ぶ望みを捨ててしまったのに、望みはまだジョーイを捨てていなかったのです。

そのことに気付いた時、彼の心にゆっくりと解放感が芽生えてきました。

彼が今まで見たもの、出会った人々、あらゆる自然を思い出し、内側から沸き上がってきた暖かな思いは、自分の命が花でも草でも、他の誰かのものでもありえたことをジョーイに知らせました。彼は自分が鳥でもありえたのだということをその時はっきりと理解したのです。

その後のジョーイのことは分からないけれども、噂によれば髪の長い女の子と結婚し、幸せに暮らしました、と……。

この寓話には、当時二〇代後半だった樹村みのりのそれまでの心の遍歴が投影されているように感じられるのは、私だけのことでしょうか。やわらかな絵柄で語られるメルヘンの奥深いところに、彼女の抱いていた理想と現実との相剋がもたらしたであろう挫折感や、心の痛みが横たわっているような気がしてなりません。それほどまでに、この寓話で語られた言葉は私の胸に響いてきて、その後いつまでも忘れられないものとなっているのです。

## 『マルタとリーザ』

一九七九年六月、樹村みのりは東欧を駆け足で旅行し、その時の旅行記を『プチコミック』一一月号に発表しています。彼女が訪れたのは主としてポーランドであり、ザクセンハウゼン強制収容所跡を訪問したことが描かれています。

「一三歳の頃から強制収容所のことしか考えたことがありません」と冗談めかして自ら書いているように、彼女にとっては特別な思い入れのある場所であったようです。ザクセンハウゼンの敷地の思い掛けない広大さが、現実にその場に行ってみて最初に印象づけられたことでした。ワルシャワの街では、そんな歴史も忘れたように、静かでのんびりした風景を歩き、陽気な子供たちの似顔絵を描いて人気者になったエピソードが語られています。

『マルタとリーザ』は、それに引き続き『マンガ少年』に一九七九年一二月号から八〇年二月号まで連載されました。この作品は、ポーランドの作家ゾフィア・ポスムイシによって書かれ、アンジェイ・ムンク監督によって映画化もされた（監督の不慮の死により未完）『パサジェルカ』という小説を原案としています。戦争中に看守として強制収容所に配属されたドイツ女性リーザと、囚人であるポーランド女性マルタの関わりと、正義と良心、人間的葛藤を描いた、重たくはあるけれども突き抜けた清冽な印象を残す不思議な作品になっています。

　リーザは看守として訪れた収容所の現実を見て、それまで信じていた自分の祖国に対する理想が揺らぐのを感じますが、そこで淡々と過ごしながらも、しかし決して権力に屈することのないマルタに出会って心を惹かれ、彼女を自分の力で救おうとします。しかし、看守と囚人、ドイツ人とポーランド人、敵味方という立場の違いがある以上、その好意も屈折したものとならざるをえません。マルタはリーザに心を許すことなく、リーザもまた、結果的にマルタを見捨てて置き去りにすることになります。

　戦後何年もたって、過去は全てなかったこととして結婚し、夫と共に南米に向かう客船に乗っていたリーザがふと見かけた女乗客（ポーランド語でパサジェルカ）……リーザはその場に凍り付いたように立ち尽くします。……マルタでは？

　それが本当にマルタであったかどうかは最後まで分かりません。そのマルタに似た乗客とリーザは言葉も交わすことなくそのまま別れるのですが……。

　アンジェイ・ムンク監督の未完の映像に残るマルタもリーザもモノクロの画面の中で意志的に冷たく張り詰めていますが、樹村みのりの作品では、よりソフトに感情と心の微妙なゆらぎが描かれています。原作の厳しさは薄められて、ある異常な状況下にある人間同士の葛藤を含んだ心の触れ合いが伝わるのですが、解けない謎のままに取り残されるような一種の心細さを生じさせる不思議な感じはちゃんと残っています。樹村みのりの漫画の中では特異な魅力を持った作品の一つであると思います。

どんなに人間的に彼女に対そうと　どんなに彼女を擁護しようと
これが彼女の返答なのだった
わたしが看守で　彼女が囚人であるかぎり……？
マルタを愛したために　わたしこそが収容所の囚人だった

（『あざみの花』）

## 『ローマのモザイク』

もう一つ、樹村みのりの旅の話について。一九七三年のイタリア旅行を題材にした『ローマのモザイク』は、ほのぼのと心あたたまる作品になっています。旅行記は星の数ほどありますが、漫画で描かれた旅行記に特に楽しく読めるものが多いのはなぜでしょうか。ここでは、樹村みのりの明るく素直な持ち味がとてもよく発揮されていると思います。

ローマに出かけた彼女は、以前から憧れていたクォ・ヴァディス聖堂を訪れるために、グループから離れて一人でアッピア街道を歩きます。この頃、まだまだ日本人の観光客は少なかった時代……たまたま車で通りかかった中年のイタリア人のおじさんに道を聞いて、そのおじさん、マリオ・ピンナ氏と出会うことになった彼女、底抜けに親切でひとのいいマリオおじさんに聖堂だけでなくカタコンベまで案内されることになります。

彼女はイタリア語はひとことも話せず、マリオ氏とは言葉が通じないのですが、彼は構わずいろいろ説明しながら彼女の手を取って、発掘現場にまで押し入り、お坊さんに怒られたり……。ローマは物騒だから簡単に人を信用するな、と旅行前にさんざん注意されていた彼女の警戒心もすぐ消えてしまいます。クオ・ヴァディス聖堂は、キリスト教に対する迫害を逃れるためローマから去ろうとしていた使徒ペテロが、イエス・キリストの姿を見て、自分の臆病さを恥じ、再び布教のためローマに戻ったと言われる場所に建てられた聖堂です。

〝クオ・ヴァディス・ドミネ?〟(主よいずこに行きたもう)

その時、ペテロがイエスに向かって尋ねた言葉がこれでした。

マリオおじさんは彼女に発掘現場から黙って拾ったモザイクをお土産と言って渡し、あまりの親切に感極まった彼女は思わず泣き出してしまいます。空港まで送りに来てくれたマリオさんと固く抱き合って別れを惜しむ姿を、友人たちは呆れて見ていました。

『ローマのモザイク』は、読んでいてこちらまで自然とほほえみ返したくなるような、そんな旅行記だと思います。

## 『星に住む人びと』

樹村みのりは一九四九年生まれで、いわゆる団塊の世代、少女漫画の昭和二四年組の一人でもあることになります。この世代の漫画家の人たちが七〇年代の少女漫画に新しい潮流を作り、それまでの少女漫画の枠をはずして漫画界全体に活気をもたらし、その後の漫画に大きな影響を及ぼしていくわけですが、後から思えばそうだったということで、当時一〇代の一読者だった私にとっては単に「最近は面白くて読みごたえがあって感動できる漫画が増えたなあ」ぐらいの感じでした。

樹村みのりは一五歳（一九六四年）には既にデビューしていますが、そういった初期の頃から、戦死した父親のことを知らされる少年の心の痛みを描いた『トミィ』など、反戦テーマの作品が見られます。ベトナム戦争を描いた『海へ』は、平和な海岸を駆ける少年の夢を描き、タルコフスキーの『僕の村は戦場だった』を思い出させます。樹村みのりの同世代感覚として、当然ながらベトナム戦争は大きな意味を持っていたのだろうと感じさせられます。

『星に住む人びと』(一九七六)は、七五年四月のベトナム戦争終結の歴史的事実を漫画の中に描き込んだ、少女漫画としては珍しい作品かと思います。第二次大戦後数年たって生まれたある少女の成長過程を淡々と描き、その背景としてベトナム戦争や戦後の歴史のニュースが自然に挟まってくる短編で、ごく日常的にそういった歴史を意識していたある世代の感性が生き生きと伝わり懐かしさを覚えます。

この作品の中で軸となっているのは、戦後すぐに五歳で亡くなった少女の姉の想い出であり、この不在の女の子は彼女に会ったこともない妹の人生の節目ごとに、その頃の姿のまま想起され影響を及ぼすことになります。戦争の犠牲となった家族の想い出が、時代の背後にあるもう一つの戦争、ベトナム戦争につながっていき、やがて自分の生き方を見つけていく妹の心の成長がパラレルに描かれていく。ベトナム戦争の終結は彼女たちの世代にとって一つの時代の終わりを象徴していたのだということも分かります。

姉の墓石は雨風で丸くなった小さい石だった……

けれども想いの中の子どもは少しもそこなわれることはなかった

わたしたちが
見ることのできた
ベトナム戦争のおわりは
そんなふうにそっとだった

次の日　わたしは外へ出て　いちばん最初に言葉をかわしたい人のところへ向かうため
午後の明るい町を歩いて行った
　１９７５年5月

『星に住む人びと』は、初夏の明るい陽射し、すがすがしい風を感じる、そんな短編でした。

『母親の娘たち』

樹村みのりの漫画の魅力は、等身大で派手さのない素朴な日常性、素直な暖かさだと思いますが、そうであるがゆえにまた、さまざまな人生や社会の問題についてもまともに見たり考えたりしてしまう、そういう不器用さ、かっこ悪さともいえるような誠実さが滲んでいます。そしてそれは、時にどこまでも優しくありながら厳しい指摘にもなってくる……何ごとも軽く済ませることができないために、深淵を覗いてしまい、見抜いてしまうがために傷付きもし、また深い喜びも感じることができる……人としての信頼性は高いのですが、こういう人が近くにいて心を覗かれたりしたらある意味で怖い気もするし、本人は辛いことが多いのではないかと感じてしまいます。

『母親の娘たち』（一九八三）は、彼女が三〇代になってからの作品です。常に等身大の物語を描いていく樹村みのりらしく、中学の同級生同士だった二人の三〇代の女性たちのそれぞれの人生を追っています。中学時代、おとなしく真面目だった舞子は、実家で母親と同居する二児の母。一般的に言って恵まれた生活をしていますが、ふと感じることがありずっと会っていなかった同級生の麻子に連絡を取ります。

麻子は中学高校時代はちょっとした問題児で、好きな教師の授業では満点を取るのに、嫌いな教師の授業では白紙で答案を出したりする気侭なところのある女の子でした。気丈なシングルマザーの母親に育てられ、自分を主張することのほとんどできない舞子から見て、彼女は正直で自由な人間でした。

麻子はずっと独身のままイラストレーターをやっていて、好きな人がいる、ただし女性だけれど、と舞子にごく自然に告白します。麻子は自分は年上の女性に愛されることが必要なのだ、と気負いも衒いもなくさらりと言い、その恋人を舞子に会わせたりします。
舞子は麻子との関わりの中で、だんだんと自分の問題を明らかにしていきます。結婚し母親になった後も、自分の母親の強烈な影響から逃れられないでいることに気付いた時、彼女は母親の家を出て新しい人生を見つけていくのですが……。
今となってはそれほど新しい感じのしないストーリーではありますが、八〇年代の初めの頃に、三〇代の女性の心の成長について、あるいは同性愛についても、まともに扱っていた女性の漫画家はほとんどいなかったのではないかと思います。

連載中、男性の読者のひとりから、「なぜこんなわかりきった事を言葉で長々と説明しなければならないのか」というようなお手紙をいただき、わかりきった事を言葉で長々と説明しようとしていたわたしはメゲました。

（『母親の娘たち』河出書房新社）

母親と娘の関係・葛藤についてそれまで語られることが少なかったので、あえて取り上げてみたかった、と樹村みのりはここで語っています。女性同性愛に関しても、あまりに自然にさらりと語られているのでその時は気付かなかったのですが、肉体の問題まで正面から扱っているところが後から考えると驚きでした。ことさらに飾り立てるでもなく、大袈裟に騒ぐでもなく、淡々と普通に女性を愛する女性の気持ちを描いたこの作品は、時間がたつほどに忘れられないものとなっています。

## 『ポケットの中の季節』

菜の花畑のシリーズ(一九七五―七六)は、一九七〇年代前半頃の東京郊外の住宅地の雰囲気がよく伝わってくる作品だと思います。現代ほどせわしくなく、人間のやることが限られていて、ゆったりとした時間の流れの中で移ろう季節の記憶。……子供たちは適度にほったらかしにされ、細かいことは言われずわんぱくでハチャメチャでも自然に風景の中に溶け込んでいます。菜の花畑や林があったり、人の数も少なく、空間的にもぽっかりとゆとりがありました。何もない、何もしないぼおっとした無駄な時間というのも堪能できた。「間」や陰影がまだまだ多くて、誰の目もなく一人になって空想に耽ったりできる場所が家の中にも外にもいくらでも見つかったように思います。

そういう郊外の家でのほのぼのとした日常の雰囲気が、菜の花畑のシリーズを読んでいると自然と思い出されて来る感じがします。中年女性の姉妹三人と幼稚園児の女の子まあちゃんが住む家に下宿することになった女子大生四人は、女性ばかりの大所帯で毎日楽しく過ごしますが、両親が別れ話の相談をするために預けられることになったわんぱく少年たけしくんをはじめ、さまざまなお客も滞在し、平穏な日常を彩るエピソードが重ねられていきます。

その年の暮れ、四人のうち三人が帰省して、長い髪で少しだけワルぶったネコちゃんと、素朴なメガネ娘の森ちゃんの二人がおばさんたちに頼まれてまあちゃんと三人で二晩留守番をすることになったのですが……女の子三人だけの一軒家の夜は、ふだん大人数でわいわいやっているだけにちょっと寂しく心細い。怖い話などをしてまあちゃんが寝付き、雰囲気が盛り上がった頃、玄関のチャイムが鳴りました。

そこに立っていたのはおばさんの甥で隣町に住むというつとむくんという若者でした。「おばさんに若い女の子とまあちゃん三人だけで心細いだろうから泊まりに行ってほしいと頼まれたんですけど」そういう彼を、二人は喜んで迎えます。つとむくんはメガネをかけておとなしく優しそうな若者だったので自然に受け入れたのかもしれませんが、今どきだったらちょっとこういうことは考えられないだろうとは思います。やはりまだまだ大らかな時代であったのだなあ、と、今となっては思うのですが、初めて読んだ当時には私もこの状況をごく自然に受け止めていたのを思い出します。

つとむくんは二日間を三人と一緒に過ごし、ひたすら優しくにこにこ微笑みながらまあちゃんを見守っています。「しばらく見ないあいだに大きくなったなあ　まあちゃん」……そう言う彼の表情は慈愛に溢れています。彼は森ちゃんたち二人に一人の若い綺麗な女性の写真を見せ、たきちゃんというその女性の消息をたずねます。たきちゃんは以前この家でお手伝いさんをしていて、つとむくんは彼女にひそかに想いを寄せていたのだけれども、気持ちを打ち明けようとするといつも彼女は耳に手を当てて何度も聞き返すので、ついに言いそびれてしまった、と彼は恥ずかしそうに告白するのでした。

やがて二日があっという間にたって、おばさんたちが家に戻って来ました。森ちゃんたちがつとむくんを会わせようとすると、彼の姿は消えていました。そして、まあちゃんは二日間ずっと一緒にいた彼の姿を見ていなかったことが分かりました。おばさんは彼の名前を聞くと驚いてこう言います。「つとむくんって、二年前のいまごろ病気でなくなられたんだけど」。森ちゃんとネコちゃんは「じゃあ、私たちが見たのはいったい……」と震え上がります。

「でも、つとむくんならユーレイになって出てきても悪いことできるような人ではなかったでしょ」とおばさんは穏やかに微笑みながら言います。森ちゃんたちはつとむくんが見せた写真をおばさんたちに見せて、たきちゃんの話をします。

「おやおや　つとむくんのユーレイ氏は　たきちゃんのこと好きだったの？」
「言いそびれちゃったんですって　こんなふうにいく度もたずねられるので」

おばさんたちはそれを聞いて驚いて顔を見合わせました。

「たきちゃんはお嫁に行ってもう二児のママよ」
「たきちゃん　小さい時の病気が原因で　片ほうの耳が全然聞こえなかったのよ。それでよく　こんなふうに　いく度も聞き返していたのよ」
「知らなかったのね　つとむくん……」

三年前の情景が、ふと森ちゃんたちの目の前にありありと浮かびました。新緑の木の下で、たきちゃんに想いを告白しようとするつとむくん。

なんて　なんて言ったのですか？……

すみませんが　もう一度言ってください
……あなたがとても好きです
聞こえません　もう少し大きな声で……
あなたをとても愛しています……

そんな夢の情景を見ながらこたつで眠りこんだネコちゃんとまあちゃんのそばで、除夜の鐘が鳴り響き、おばさんたちと森ちゃんは新年のお祝いの乾杯をします。

新年おめでとう！

（『ポケットの中の季節2』小学館）

# 懐かしきつげ義春

## 『ねじ式』

つげ義春の漫画に出てくる風景は、今となっては既に失われてしまった、記憶の奥深くに眠っている何かを強烈に呼び覚ます喚起力があります。たとえば多摩川沿いの道だとか、山奥の寂れた温泉宿、房総の港町、などなど、行ったこともない場所なのに、匂いや風の感覚まで、確かに体で感じる空気がたちのぼってくる。

それは、昭和三〇年代の空気をものごころつく以前に体感し、皮膚で覚えている私たちの世代だけに言えることなのか、それとも、今の一〇代や二〇代の日本人にも感じられることなのかは分からないのですが……あるいは、ひと世代前の父母の記憶や感覚までもが、同じ家で肌を接しながら生活するうちに、いつの間にかこちらに反映し、あたかも自分の体験したことのようにイメージが湧いてくるのか……この感覚は理屈では説明できず、どうにも不思議でならないことがあります。

港町の潮の香り、ものさびた町並、夜釣りの船の灯を水平線近くに見ながら波の音を聞いていた、幼児期のある夜の記憶が、たとえば『ねじ式』に出てくる、幻想の入り交じったリアルな町並の風景とオーバーラップしてきて、夜の闇に含まれる、なまあたたかく湿気を含んだような、心地のよい怖さ、といったものまで思い出されてしまうのです。

## 『紅い花』

つげ義春の漫画の世界に特徴的なほのぐらい湿潤性、ともいうべきものが、もしかしたら古い日本的なもの、郷愁の源泉なのかもしれません。つげ義春の漫画を、私たちよりも若い世代の中には毛嫌いする向きもあります。また、私たちの年代だと、すんなり受け入れられはするけれども、若い人相手にはうっかり好きとは言えない、というような照れくささもどこかにあります。

私の妹も漫画好きのつげ漫画嫌いなのですが、よく理由を聞いてみると、作品そのものが嫌いというのではなく、つげ義春のファンが「うざったい」のだそうです。つまり、熱狂的すぎて他の人にまで無条件に高い評価を強制し、そうでなければ漫画が分からないやつ、と言わんばかりの押し付けがましさを感じるから、ということで、ちょっと阪神はいいんだけどファンがねえ、というのに似ているような感じがします。

私もその点に関しては確かに一理あるかと思っています。あまり強引に勧められすぎて却って喰わず嫌いにさせられる、といったところがつげ義春の作品にはあるように思います。それは本人の責任とは言いがたいのですが……。

彼の作品に無意識に含まれている湿度の高さは、私たちが古い、暗い、貧乏くさくてうざい、とどこかで捨てて来た、あるいは、見ないようにしている古いアジア的、発展途上国的(昭和三〇年代ごろまで、日本は確かに発展途上国でありました)日本を象徴するような何かなのかもしれません。自分の中にもあるそういった湿潤性を、かっこわるいものとして、気恥ずかしいものとして、隠すようにしてきた時期が、私にもあったような気がします。人前でうっかり好きとは言えないつげ義春……しかしそれゆえに却って、たとえば疲れた時、ふと彼の漫画をめくってみると、その荒涼とした風景や、さびしく置き去られた眠ったような町並に、着物や割烹着の中年女や老婆の姿に、ぞくぞくするような郷愁と心地よさを感じてしまうのはなぜでしょうか?

## 『ゲンセンカン主人』

つげ義春の漫画に出てくるものの中には、夏祭りの縁日に見られるような、素朴でストレートなインパクトのある、古臭いけれどもいとおしい、キッチュなおもちゃ類がよく見られます。金太郎飴、天狗のお面、駄菓子の類、めくるめく妖しいお化け屋敷の光景……猥雑な生活感がありながら、非日常的な祭りの夜の記憶。

幼児の頃、隣家の壁にかけられた天狗のお面やパプアニューギニアの精霊のお面の恐ろしかったこと……母の背中に隠れて、お面の視線を震えながら避けていた、あの時の恐怖感を、ありありと思い出したのは、『ゲンセンカン主人』のラストシーンでした。

しっぽりとした、ほのぐらい闇の世界は、母の肌から伝わる体温をも思い起こさせ、あるいは子宮内の感じだったのかもしれない、と思います。そんな記憶があるはずもないのですが、怖いけれども奇妙にここちよい、安らぎのある場所なのでした。

つげ義春の漫画を読んでいると、そんな幼児期のむき出しの無防備な感性が、吹きさらしの現実世界の風に堪え難い痛みを覚え、必死に母の胎内に隠れようとしているような、そういう痛ましさを感じたりもするのですが、ずっと忘れていた何かが呼び覚まされることに変わりはありません。

やはり温泉宿を舞台にしたある作品の中で、主人公が妻と共に若い頃滞在したことのある温泉町を再訪し、昔なじみのあった女性に再会する。妻に隠れて彼女と二人きりになった彼が、彼女の肌に触れ、「なつかしかったので……」と言う場面がありましたが、そういうエロスの感覚も、やはり母胎への懐かしさと通じているのではないでしょうか。

つげ義春の作品の世界にいつも湿潤性が、そして郷愁が感じられるのは、日本の風土一般についてだけでなく、遠い胎内の記憶をも反映しているからではないか、とも思ったりするのです。

## 『無能の人』

つげ義春の漫画には、今でいうダメ男がよく出てきます。『無能の人』などはその典型なのですが、何とか生計を立てようとしながら、どこか発想が現実からずれていて、本人は必死なのに却ってのどかな感じさえしてきてしまう。本人には申し訳ないのだけれども、その無能ぶりというのがむしろ見ていて癒される感じがしてきてしまうのです。なぜか、羨ましささえ感じることもあります。

自分自身がダメな人間だからということもあると思いますが、彼らの無能者としての日常を見ていると、ものすごく共感を覚えてしまう。「みんなやってることでしょう」「普通ならできるはずだ」という、普通ができない、普通の人の生きている時間とは別の時間の流れを生きている人の、淡々とした、本人は悟りきれず苦悩してはいるけれどもそれなりに安定した日々が不思議と懐かしいのです。

ぼおっとして河原の石を眺め、石ころを拾って道ばたに座り込んで日がな一日石売りをする。お客さんは全然来ない、時々ふと思い出して焦るけれどもやはりぼおっと他のことを考えていたりする。こんな風に時間を過ごしていても生きていけるし、人の人情に触れることができ、女性との関わりもある。ダメな生き方というのは本当に不幸なんだろうか、とアブないかもしれない発想がつい頭をもたげてきてしまいます。

幸不幸などというものは、結局よそ目からは分からないことじゃないか、と当たり前ですが思います。そもそも、そんなことを決めたり判断することにどれほどの意味があるでしょうか。どんな境遇であれ、どんな人生であれ、本人にとっては幸福と不幸が少しずつ混ざっていて、それこそ「普通」なのではないかと……。

本来日常なんて退屈でつまらないものですから、ぼおっと雲の流れや青空を見上げ、星を見て時間を過ごし、変人や怠け者扱いされる人は、他の人と同じような時間の使い方ができないだけで、それをそれなりに放っておいてくれた、おおらかな時代を感じさせるところに、つげ義春の漫画の懐かしさがある、と、だいぶ後の世代に属する私には思えるのですが……もちろん、そのおおらかな時代には今とは違った厳しさもあったことも、漫画からは思い出されますが。

# 諸星大二郎の不条理漫画

## 『生物都市』

『生物都市』は、第七回手塚賞入選作で、諸星大二郎のデビュー作ということになりますが、この作品を初めて読んだ時の衝撃は忘れられません。手塚治虫をはじめとした審査員絶賛の作品で前評判からして期待値は高かったのですが、当時一〇代の私にはこの作品の本当の凄さは分からなかったと思います。ただ、少なくとも、こんなの今まで見たことない、よく分からないけど物凄い、絵はうまくないのになぜかやたら面白い、といったことは強烈に感じました。

昭和初期の少年雑誌の挿絵を思わせる泥臭い絵柄には誰にも真似できないオリジナリティ

があり、一目見ただけで彼の作品だということが分かるし、それよりも何よりも、発想とアイディアが常人にはまず思い付かないようなものでした。そういう意味でSFの描き手として正統派と言ってもよかったのかもしれません。

後になって思い起こすたびに驚きを覚えるのは、彼が一九七〇年前後という時期に、既に八〇年代アメリカでSFの潮流となるサイバーパンクの感覚を見せていたことです。八〇年代になってウィリアム・ギブスンやフィリップ・K・ディック、ブルース・スターリングなどのサイバーパンク系SFを読んだ時に、既視感があったというのは諸星大二郎のSF漫画に親しんでいたせいではないかと思ったほどでした。

「生物都市」の舞台は一九八〇年代後半の日本で、いわゆる近未来ものですが、近未来SFという概念も当時はなかった、あるいは一般的ではなかったと思います。宇宙から帰還した木星の衛星イオ調査船が、ある現象を持ち込み、それは急速な勢いで伝染して広がり、社会の機能が全面的にストップしてしまう、というパニックもの、終末もののパターンなのですが、これが機械と人間の融合、有機物と無機物の融合現象というところが凄いのです。

カメラと手が融合してしまう男性、電話器と耳が融合する人、機械工場が溶けて崩れ、その中の工員たちと融合する場面、機械と一体化した人間の無気味な姿は絵として衝撃的なのですが、更にその現象の意味するところをイオ調査船と融合してしまった船長が語る場面も印象的でした。イオに到着した調査船の乗組員たちは、その星の廃虚かと思えた都市が実はイオの住人たちと一体化した生物であることを知りショックを受けます。

イオの環境変化により住めなくなった数億年前の住人たちは、生き延びるために機械との融合という最後の手段を選びました。機械の非生命的な形態を借りて半永久的に不死となり、生命のありかたを変えてしまったのです。

「人びとの意識はつながり　広がってひとつになり

一方　機械は人間の神経をかりて感じ　頭脳をかりて意識をもつにいたりました

イオの全住人と機械の完全な共同体……一個の巨大な　新しい生物が誕生したのです」

イオの乗組員たちは、その時すでに体が宇宙服にとけこみつつあるのを感じていました。彼等は地球に帰るべきではありませんでしたが、既に「私」という一人の人間は消滅していました。

「もう……きかなくてもわかる……

機械の意志が私の中に入ってくる……私の体が広がる　無限に広がるのが　わかる

……」

「では科学は……科学はまけたのではないのだな……?」

「とんでもない　この新しい世界で　科学文明は　人類と完全に合体する

人類に　はじめて　争いも支配も労働もない世界がおとずれるのだ」

「夢のようだ……新しい世界がくる……ユートピアが……」

（『妖怪ハンター』創美社）

工場の部品と融合して安らかに目をつぶる工員たち、抱き合ったまま満ち足りた表情で壁に溶け込んだ恋人たち、腰や背骨の痛みから解放され、不死の体を手に入れた老人……終末の町の風景は眠りの森のように穏やかな安らぎに満ちているところに、何とも不思議な感じを覚えました。

機械と全住人の一体化した共同体、というイメージに、たとえば現代のインターネットの世界を重ね合わせたりするような野暮なことはもうあえてしませんが……七〇年前後の時期、二〇代前半の地方公務員だった一人の日本の若者が、どうしてこのようなビジョンを抱くことができたのか……今思っても謎としか言いようがない気がします。

金属製のもの、機械類を全部捨てて、原始時代のように自然物だけに囲まれて生きる男性のところに逃げこんだ少年は、最後のシーンで一人黙ってたき火で魚を焼いています。

「どうしたヒロ　さびしいのか？」

男性にこう聞かれた少年はこう答えました。

「ううん　ただ……

とうとう宇宙船見れなかった……」

『礎』

諸星大二郎の作品には、終末イメージや悪夢のようなビジュアルの幻想が多いのですが、一方で日常的現実描写が実にリアルで堅実そのものであり、その極端な両面を押さえることで相乗効果を上げています。平凡な日常の裂け目から一気に世界の終わりにつながったり、異世界に入り込んでしまう感覚のリアリティと、どこかとぼけたようなユーモアとは、独特の癖の強い絵柄と相まって彼の独壇場となっている感があります。

『礎』（一九七八）は、彼が漫画家になる以前に地方公務員をしていたという体験があるせいか、やけにリアリティを感じさせられてしまう短編です。ある平凡な若い公務員贄田が、突然「地震予防課」という実体のよく分からない部署に異動を命じられるところから物語が始まります。上司や仲間たちは彼の異動を祝い、連れて行かれたクラブで酔いつぶれた彼は次の朝クラブのママの部屋で目を覚まします。なぜか彼の片目には傷がついていますが、ママはそのまま彼の恋人になり、出勤した新しい部署では上司の中年男性が一人いるだけで大した仕事もないのに多額の給料が支払われます。しばらく派手な生活に浸った贄田が、やがて上司に連れて行かれた場所は……。

地震予防課のある場所は、実は古代からの祭祀の行われる聖なる場所であり、柳田國男の『一つ目小僧その他』に記されている通り、祭りの日に生け贄の神官が一人選ばれ、片目をつぶされたうえで村人の尊敬と歓待を受け、やがて神の贄として捧げられる、ということが代々行われていたのでした。それは密かにお役所の手で現代に至るまで続けられていて、地震の予防のための生け贄として公務員の誰かが選ばれ、公費で女性の接待を受け、優遇され隔離されたうえで、一定の期間が過ぎると祭祀の場に連れて来られることになっていたのです。

薬で眠らされて目を覚ました時、彼はそれまでの生け贄になった人々の骨が累々と散らばる祭壇の上で、都知事や市長、課長たちに囲まれていました。
「きみは神聖なる人身御供に選ばれたんだよ」
「代々　武蔵の国を守ってきた神官たちの仕事は東京都職員が継がずして　誰が継ぐ？
公務員以外にだれが都民のための人柱になりうるのだ？」
「昔の人は自ら喜んで神に身を捧げたものですよ　贄田くん　公務員は都民の礎です
やはりそうあってほしいものです」

この最後の言葉を当時の都知事そっくりのキャラクターが微笑を浮かべながら言うところで物語は終わります。まるでカフカの『審判』を思わせるラストシーンですが、同様にカフカの『城』を意識したと思われる作品もあります。ある大企業に住人すべてが依存している町の物語で、本社に書類を届けるために出張した社員が、いつも手続きで「この書類はあちらの窓口に」とあちこち回され、いつまでたっても本社にたどり着けずにその町の住人になり結婚して老人になってしまう、という不条理かつブラックな笑いを含んでいます。
カフカ自身もプラハの社会保険関係のお役所のお役人だったのですが、そのことと二人の作品の発想に似通ったところが見られることは無関係なのでしょうか……？

諸星大二郎の絵柄やストーリー、表現に見られるある種の固さ、よくも悪くも決してあか抜けない生真面目さも、その反動としての幻想世界のとてつもない奇怪さも、緊張や不安と表裏一体のとぼけたユーモア感覚も、根底の部分でカフカと同質のものがあるように感じてしまうのですが……。

## 『猫パニック』

諸星大二郎の漫画では、ごく日常の風景から始まって、ちょっとした拍子でルーティンが狂うといきなり雪だるま式に大袈裟な事件に発展していったり、怪異な幻想的異世界に入り込んでいくというストーリーが多く見られます。神経症的な妄想に近いこの膨張する不安傾向が、彼の癖の強い泥臭い絵柄でビジュアル化されると、そこに何とも言えないとぼけたおかしみが生じることがあります。

『地下鉄を降りて』（一九七六）、『猫パニック』（一九七五）は、そういったブラック・コメディの傑作であるかと思います。『地下鉄を降りて』は、ある平凡な中年のサラリーマンが、ある日東京八重洲の地下街でいつもの帰宅コースからはずれて他の道を歩いたところ、道に迷ってどうしても出口が見つからなくなってしまう、という日常の不条理の話です。要するに、東京の地下鉄路線がなかなか慣れない人には分かりにくいとか、乗り換えが難しいとか、地下街が迷路化している、といったような誰もが感じていることを極端に拡大してパロディ化しているわけで、こんなオーバーな、こんなことあるわけない、と、作者のあまりに大袈裟な不安傾向と想像力に笑いを誘われつつも、一方で、そうそう、こういう見方もあるんだなあ、とある面感心させられたりもします。八重洲の地下街の描写が細部までリアルだったりするところも効果をあげていると思います。

そう　いつもきまったルートをまもっていれば迷うことはない
社会心理学でいう「制度的行動」というやつですなこれに従ってる限り……
東京という所は大体において安全だけれど……いったんこれから離れた行動をしようとすると……
東京は巨大な迷路と化すのです！

もう一ヶ月も迷っているというホームレスの男性が、こう言って「地下街というのは実は人間捕捉機関なんだそうです」と彼に説明します。通行人をすぐには外に出さないでお金を落とさせるためにわざと迷路化させてある場所なのだ、と……。

しかし彼は必ず外に出られることを信じて、上へ上へと登って行き、ついに地上に出ることに成功しますが、そこはなぜか高層ビルの屋上で、はるか下に見えるのは新宿駅でした。彼は思わず目眩を覚え、そのまま屋上から身を投げて……。

『猫パニック』はさらにこの妄想を膨らませて終末ものに近いパニックものにしてしまった話です。七五年のある夏の暑い日、毎朝神田の公園を通って学校に行く小学生の少年が、毎朝そこで見かける野良猫が、いつも三回顔をふくのにその朝に限って二回しかふかなかったのに疑問を抱いたところから事件が始まります。動物がいつもと違う行動をするのは地震の前触れでは、などと言う地震予知の研究をしている大学生。その猫が車の前を横切ったため事故が起こり道路が渋滞し、更に電車の線路を横切ってポイント事故と電車の遅れが生じて、暑さでイライラがつのっていたラッシュ時の乗客たちの日頃からの怒りが爆発し暴動が起こります。そこで起きた手違いから国会が襲撃され地下鉄で火事が起こり、地下街から隅田川まで火の海に……それが東京湾のタンカー事故につながり、晴海のコンビナートが爆発、大パニックに発展してしまいます。

人々の間では大地震が起こるという噂が流れ、たった一匹の野良猫の顔をふく回数が変わっただけで東京全体が危機に瀕する、という大掛かりなブラック・コメディですが、笑いを誘われつつも、大都市がいかに危ういところでバランスを保っているのか、という冗談混じりの問題提起にはやはり感心させられざるをえません。

これこそ「風が吹けば桶屋が儲かる」式のよく分からないおかしな関係性ではあるのですが、不安神経症傾向のあるタイプの人間の杞憂とか妄想というだけでは片付けられない何かを感じてしまうところが、諸星大二郎という表現者の奇才・異才と呼ばれるゆえんではないでしょうか。

## 『マンハッタンの黒船』

諸星大二郎の漫画の魅力は、ともかく発想がとんでもないこと、それでいて現実もしっかり押さえていて、鋭い指摘があっても絵がヘタウマでとぼけているために独特のユーモアがかもし出されている、という普通は破綻しそうな組み合わせが例外的にバランスを取って、誰にも真似できない不思議な世界を作っているところでしょうか。

まったく、このホラー感覚、怪奇な視覚的幻想がリアルな洗練された隙のない絵柄で描かれていたら、こちらは恐れおののき作者にはとても近寄れないだろうと思うのですが、絵が稚気を含んでどこかお間抜けな雰囲気があるために憎めない、むしろ人間味を感じて安心してしまったりするところが面白いです。

『マンハッタンの黒船』（一九七八）は、中でも発想の凄さが光っている作品だと思います。基本的なアイディアとしては、近未来、アメリカが鎖国を敢行し、九九年後に日本の黒船が来て維新が起き開国する、という幕末の歴史を日米の立場を逆転して描いただけの作品なのですが、細部の描写が幕末維新の歴史を知っている読者にとってはたまらないウイットに富んだパロディに満ちていて、思わず唸らされたり吹き出したりします。

日本の原子力船ブラック・シップの名前は佐助花丸、船長の名前は縁井《へりい》提督、張津《はりつ》大使が同行して、不自由の女神像の立つニューヨークに降り立ち、市長のトック・ガワンに開国を要求。サンフランシスコの出島には日本領事館がありましたが、開国に反対するカリフォルニア過激攘和派盟主ヴァン・ペイターは焼き討ちを行います。カリフォルニア州議会が外国飛行機打落令（外国船打ち払い令のこと）を通過させると、日本は海上自衛隊を出動させ加日戦争が勃発します。

テキサスの脱州者《ステートセシーター》リオ・サカモンドは空援隊（つまり海援隊）を組織しフロリダのサイモン・タクモーリーと会合してカ・フ連合（要するに薩長連合）を作りワシントンと対決します。開国は大統領の勅許を得ずにE・カモンによって強行されますが、彼は攘和派により暗殺されワシントンアーチ外の変（つまり桜田門外の変）が起きます。

こういった人物たちがみな歴史上の坂本竜馬や西郷隆盛、ペリー提督やハリス大使、竹市半平太といった人物たちに似せて描かれているところも芸が細かい。その他、新撰組はニュー・セレクテッド・ポリス（ＮＳＰ）で、隊長サミー・コンドック（近藤勇）、副長ヒッティ・カッター（土方歳三）、一番隊隊長ジョージ・オッキンター（沖田総司）、ニューヨーク見廻組はパトロール、「ザ・ポンド」（要するに池田屋）に集まったキッド・タッカー（つまり木戸孝允）らの志士たちをＮＳＰが襲って、民衆はドンマイ・ダンス（ええじゃないか）を踊りデストラクション（うちこわし）を行う……。

遂にアメリカの御一新（ニューエイジ）が来た、と言うリオ・サカモンド（坂本竜馬）の目の前で不自由の女神が倒れ、そこに現れたパトロール（見廻組）の暗殺者に撃たれたリオは、「見な……」と倒れた女神像を示します。

「それはアメリカの夜明けであった」

と大きく書かれた字でラストシーン。

バカバカしくも素朴ではあるのですが、ここまでストレートに英訳（?）された幕末維新史パロディを見ると感心を通り越して感動してしまったのを覚えています。

こんなジョークでも、アメリカ人が読んだら気を悪くする人もいるでしょうか……?

## 『妖怪ハンター』

稗田礼二郎《ひえだれいじろう》……これが『妖怪ハンター』の主人公である異端の考古学者であり妖怪バスターでもある人物の名前です。もちろん見てすぐ分かるように古事記の稗田阿礼をもじったネーミングですが、声に出して読んでみるとその大時代な響きに思わず吹き出してしまいます。若い頃の武田鉄矢を思わせる長い髪（決してロン毛ではない）にダークスーツというファッションも確信犯的ダサさでアナクロくていいです。

ゴーストハンターものは欧米ではホラー小説の一つの類型で、映画の『ゴーストバスターズ』などはそれをパロっています。もともとは悪魔払い（エクソシスム）とも関連があるのだろうと思いますが……稗田礼二郎はシャーロック・ホームズや金田一耕助よろしく、日本各地に残る考古学のミステリースポットに出かけてはそこで起きる妖怪事件を解決していく、というシリーズものになっています。

九州の装飾古墳にまつわる謎に挑む、ヒルコという古事記に出て来る黄泉の国の化け物を扱った『黒い探究者』、朱唇観音という伝説の鬼にとりつかれた少女の変身の物語『赤い唇』、東北のキリストの墓伝承のある村で起きた怪奇事件の話『生命の木』、反魂の術という死者を蘇らせる古代の術を使って夫を蘇らせようとする巫女の血筋の母親の話『死人帰り』などなど、それぞれ考古学や歴史学の史料まで使い、豊富な知識に支えられた奇抜な発想は読者をひたすら唸らせるのみです。

特に『生命の木』に至っては、まず彼以外の誰もこんなことは思い付かないだろうし、思い付いたとしてもこんなにリキを入れてシリアスに描くなどということは到底できないだろうと思えるものです。それ以前に、こんな宗教をパロディにしたような内容では今ならきっとクレームが来て掲載不能になってしまうのではないかと思われます。

青森あたりにキリストの墓だという言い伝えの遺跡のある村があるという話は割と知られていますが、多分それを下敷きにして、隠れキリシタンの聖書異伝も援用し、東北のある山奥のかくれ村で、善次《ぜずす》という男性が十字架にかけられて殺されるけれども復活し、重太《ユダ》という老人を残して村人全員を地獄から救いだし天国に導く、というとんでもないストーリーになっています。地獄《いんへるの》に蠢く死者たちの固まりに、

「みんなぱらいそさいくだ！
おらといっしょにぱらいそさいくだ!!」

と、東北弁で叫んで天国《ぱらいそ》に導く善次のシーンは圧倒的な迫力に満ちていて、思わず「ここまでやられては」と、ノックアウトされる力わざの説得力。たかが漫画ですから、と、言い逃れができそうもない、世知辛く細かいことにうるさい（？）昨今においてはちょっと読むことも出来なさそうな、貴重な雄大さのあるおおらかな作品かと思います。

## 『人をくった物語』

諸星大二郎の漫画を読んでいると、これこそ元祖・ブラックユーモア、と言いたくなるような素朴かつ訥々とした昔懐かしい風刺を含んだおかしみに触れることができ、町を歩いていていきなり駄菓子屋さんや銭湯にでも出会ったような安心感を覚えることがあります。決して洗練されてはいないのだけれども、たとえば普段苦虫を噛み潰したような顔をしている物理の先生が真面目な顔をしておかしなことを言うような、しばらく考えてからやっと笑いがこみあげてくるような、その人が言うからこそ面白い、というキャラクター依存型のユーモアを思い出します。

諸星大二郎も、恐怖ものや幻想ものを書いていて、著者の写真などもスティーヴン・キングなどと同様、わざとその作風イメージに合うように変人ぽく暗い雰囲気で映っていたりしますが、この人のコメディものを読むと、実は一方でお笑い大好きでいつも可笑しなこと考えてる人なんだなあ、とも思ったりします。それも根が生真面目な人ならではの神経症すれすれの重たさと垢抜けなさのつきまとう、あるいはそれだからこそのちょっと真似できないユーモア感覚です。こればかりは分かる人にしか分からないおかしみかもしれません。

『コンプレックス・シティ』（一九七八）は、人間と機械が戦争を繰り広げているとある惑星の話。スナック「細胞愚」という店の建っている三叉路の向こうは、道を隔てて向かって右が人間の町、左がロボットの町になっていて、人間の町は丸みを帯びた建物が並び、ロボットの町は四角張った風景です。機械は人間の非合理な行動を見ると論理回路が混乱するので、人間はわざと無意味な行動をしたりしてロボット軍団を撹乱します。人間の最終兵器AKBMの秘密をロボットたちは知ろうとしますが……。

　ロボットたちは人間の五感を持たないため、対抗手段としてコンプレックス回路を開発し、笑うことができるようになっています。はちゃめちゃな争いの最中、間違って押されてしまった最終兵器のボタン。巨大なその機械はやはり巨大な舌をべろーんと出すAKBM（アカンベーマシン）……ロボットたちはコンプレックス回路が破壊されてしまい……。

『ブラック・マジック・ウーマン』（一九七九）は、ごく平凡な生活感あふれる町の安アパートに住みついた貧乏漫画家が、ある晩壁の穴をのぞくと、大家のおばさんや隣のスナックのママ、近くの町工場のおじさんなど、近所の人たちがせまい空き地でサバト（魔女の集会）をやっていた、という話。そのとんでもない設定と日常的風景のリアルさ、生活感のにじんだ魔女の会話のギャップがどうにも笑えて仕方ありません。

なんだいこりゃアマガエルじゃないか　ガマガエルじゃなきゃだめなんだよ
だって西友の夏休みコーナーにはアマガエルしかなかったのよ
しようがないねえ

と言いながらカエルをサバトの大なべに投げ込む大家のおばさん転じて魔女。

悪魔ベルゼブル様　レオナルド様　わしの魂とひきかえにうちの工場に繁栄を……
倒産させないでください

と悪魔の像に祈りをささげる工場のおじさん。

うちのスナックにも客がきますように　スペシャルセットで五時間もねばるような

客には罰をお与えください

これはスナックのママ。

そして極めつけは『人をくった物語』（一九七八）。「ぼく」がある日レストランでステーキを食べようとしていると、目の前のお客がステーキに食べられてしまい、狐のえりまきを店で選んでいた奥さんはえりまきに首に巻かれて外に出て来て、ゴミを捨てようとしていたおじさんはゴミに丸められて捨てられ、……と、町中が混乱してきたので、「そうだ！　こうなったら町から逃げ出そう」と、彼が思い付いたとたん、

一瞬おそく　ぼくを捨てて　どこか遠くに行ってしまったのは　町のほうだった。

（『コンプレックス・シティ』双葉社）

# 山岸涼子のバレエ漫画など

## 『アラベスク』——1

山岸涼子の漫画を最初に知ったのは、バレエ漫画の『アラベスク』でした。六〇年代少女漫画において、バレエものは必ず雑誌に一本は連載があるというぐらいの定番テーマでしたが、七〇年代の『アラベスク』はそれまでのバレエ漫画とは完全に一線を画したところがありました。

古典的少女漫画のバレエもののパターンは、地味めの（というより、超美人ではないけれども可愛いアイドル系の）恵まれない境遇の努力型の主人公が、お金持ちのお嬢様で天才美少女のライバルのねたみによる意地悪や妨害を受けながら、あるいは、シンデレラパターンのように、意地悪な美人の姉の妨害にもめげず、監督や相手役のハンサムな（ほとんど頭は空っぽに見える（？）ひと昔前のホストっぽいへなっとしたタイプ……すっ、すいません！）男性との恋を成就させつつ、芸を達成する、という話でした。

ここで必ず使われるのが「白鳥の湖」で、特にオディール（黒鳥）の三二回転の難技グラン・フェッテ・アン・トゥールナンがクライマックスに出てくるということで、あまりに漫画とドラマで何度も見たせいで、小学校三年生ぐらいに初めてチャイコフスキーの「白鳥の湖」を学芸会でやることになった時には、「おおっ、これがあの有名なあれか」と、既視感があったほどでした。三二回転をたとえばテレビでボリショイバレエのプリマが踊っている時には、床にロウが塗ってあって足をくじくのではないかといつもはらはらしました（いじわるなライバルが床にロウを塗っておいたりトウシューズのひもを切れるようにしておく、という定番お邪魔パターンが頭に焼き付いていたため……）。

「気立てのよい主人公をねたむライバル」というキャラクターは、たとえば古典的少女小説にも必ず出てきたものなので、小学校低学年あたりでは「ねたむ」の意味が分からず母に聞いた覚えがあります。私はもともとボケキャラの脳天気なたちで、ねたむという感情がやたらと薄い人間であったため、ずいぶん長いことその感情を理解できないままで、漫画や小説、ドラマの中でのみそういうものがあるのだと思い込んでいました。

「嫉妬深くいじわるなライバル」というお決まりのキャラクターという役と、「それほど美人じゃないけど気立てがよく努力家の主人公」という役は、アプリオリなものとして子供の私には素直に受容され、現実とは切り離されたものとして受けとめました。というより、もともと空想癖が強いタイプの私にとっては、現実よりも漫画や小説の世界に浸っている時間の方が長かったので、あまり自分のこととしては考えなかった、ということがあるかと思います。

それはさておき、『アラベスク』の主役ノンナ・ペトロワという少女は、キャラクター的に現実味を帯びて、より身近なものとして感じられた、つまりひとごとでなく彼女を見ることのできた、最初のバレエ漫画の主役キャラでした。

## 『アラベスク』―2

『アラベスク』の主人公ノンナは、特に美人ではないけれども（とはいえ漫画ではやはりアイドル系に描かれている）バレエが好きで、ただバレリーナとしては背が高過ぎるのが悩み。舞台はレニングラードバレエ団なので、当然彼女はロシア人という設定ですが、性格は当時よくいた日本の少女そのもののイジケタイプ。自分に自信がなくライバルと競争させられるのが最も嫌で、主役は気疲れするので逃げたいといつも思っている内向的な性格です。

　ごく平凡な容姿でふだんは目立たない大人しい彼女が、いったん舞台で踊るといきなり別人のようにプリマになってしまう、ということで、周りやコーチは認めているのですが、本人はいつも周りに気兼ねしておどおどしている。精神的に弱くて、なかなか実力が出せない。コーチの「ミロノフ先生」ユーリ・ミロノフは、彼女を叱咤激励しながら幻の名作「アラベスク」の相手役として彼女を訓練しようとします。

　ノンナの性格のなさけないところは、バレエが好きでやめられないとは思っていても、自分はあくまで平凡なつまらない女の子で、全てのライバルにいつも戦う前から負けていると思ってしまうところです。エリート天才少女で自信家、女優のような華のあるボリショイ・バレエ団のプリマ・ラーラにも、苦労人の地方出身・職人肌のヴェータにも、最初からおじけづく始末。

　ラーラと「瀕死の白鳥」の踊りを競わされるところでは、ラーラの完璧な踊りを見ているだけで動揺し、完全に自信喪失して実力が出せず、舞台で失敗するのですが、やがて落ち着きを取り戻した彼女は、ミロノフの「どうしてラーラの踊りと同じように踊ろうとするんだ！　君には君の踊り方があるはずだ」という指摘に目を覚まされて、天才らしい華やかなラーラの踊りとは違った、繊細で内面性を重視した、地味ではあるけれども玄人受けする、彼女ならではの踊りを踊って一部のベテラン批評家に認められることになります。

## 『アラベスク』──3

『アラベスク』の出色だったところは、主人公ばかりでなく、ライバルや脇役、更に舞台設定までもがそれまでのバレエ漫画と比べてリアリティとオリジナリティがより出ていたことです。最初の頃はそれまでのバレエ漫画のパターンを踏襲していて記号的で人形のようだったキャラクターが、だんだんと人間味の感じられるものになっていきました。ユーリ・ミロノフだけは、どうも少女漫画の恋人役のステレオタイプ（要するに女性・少女にとって都合のいいタイプで現実にはまずいそうにない理想的男性像）を脱することができていなかったようですが……。

六〇年代的古典少女漫画の特徴である、無国籍西欧風の、どこかおフランスだかアメリカあたりっぽい舞台で、西洋人形のような巻き毛たてロール、金髪で目の大きな容貌の人物たちが、時々意味もなく花が飛んだりする背景を背負って、様式的なストーリーに見合った人形のような動きをする、という徹底したつくりものの世界を、相対化し解体していったのが七〇年代の二四年組の新感覚派だったと思いますが、『アラベスク』にも、特に後半になってくると、少女漫画というジャンルのお決まりの様式を外から見て相対化する視点が入り込んできていました。

たとえば、当時バレエといえばロシアバレエが筆頭であり、バレエファンの少女たちにとってはボリショイバレエ、レニングラードバレエは憧れの存在でした。バレエという窓からのみ見ていたわけですから、歴史と格調のあるロシアバレエとロシア人の美人バレリーナたち、というキャラクターを深く考えることなく受け入れられていたわけで、アンナ・パヴロワとかナターシャなんて金髪碧眼の主人公が出てきても時代社会背景などには関心が払われていなかったのです。

ところが、『アラベスク』だけは、そこがロシアであるということをちゃんと意識させ、状況を説明してくれた唯一のバレエもの少女漫画でした。レニングラードバレエ団のスターでありながら、古典的スタンダードからはずれる個性的な才能と持ち味のあるミロノフのライバルは、自分の個性がレニングラードバレエの伝統には受け入れられず、自由に力を発揮できない、と悩んで西側への亡命を果たします。「亡命」の意味を、しっかり漫画の中で説明していたところも当時の少女漫画としてはひたすら偉い！（笑）というところでした。

## 『アラベスク』―4

イジケキャラでいつもうじうじ悩むノンナも、いろいろなライバルたちや友人、そしてユーリ・ミロノフへの恋を通じて、少しずつ成長します。やはりライバルとの競い合いを強いられ、自信喪失でレニングラードの舞台から逃げ出し、地方のバレエ団で素性を隠して働いていた時（彼女はバレエしか知らない世間知らずなため、結局はバレエ団の看板を見つけてそこに厄介になるのですが）、プリマが急病で代役を急遽頼まれたノンナは、久しぶりに踊ることの喜びをかみしめます。

そこは地方の小さなバレエ団で、団長の中年の女性はベテランの元バレリーナですが、団員たちは彼女をバカにしていてあまり言うことを聞きません。しかし彼女の目は確かで、ノンナの腕が並ではないことを見抜いていました。ノンナの相手役になった男性は、そのバレエ団ナンバー2の女性の恋人で、恋人が主役になることを団長の気まぐれで邪魔された、と怒り、ノンナの支え手の手をわざとはずすという陰湿な嫌がらせをします。しかし、おとなしいノンナの心に、「そんな個人的な感情で神聖なバレエの舞台を汚すなんて！」という怒りがその時沸き上がり、男性の支えをはずしたまま、最後まで一人でつま先立ちであの三二回転グラン・フェッテ・アン・トゥールナンをやり遂げるという離れ業を見せて、地方の観客たちの目を見張らせるのでした。

ノンナは自分がいかにバレエを愛しているかをそのとき悟り、逃げることをやめて、再びレニングラードに戻る決心をするのでした。

## 『アラベスク』―5

ノンナがレニングラードバレエ団の確固としたメンバーになってきた頃、ベルリンからドイツ女性のピアニスト、カリン・ルービッツがバレエ団の専属ピアニストとしてやって来ます。彼女はけだるい大人の雰囲気を持つ美人ですが、同性愛者でした。カリンはノンナに関心を寄せ、自殺してしまった彼女のもと恋人のバレリーナの話をします。

そのドイツ人のバレリーナは美しく繊細で、夢のような「ラ・シルフィード」を踊ったこと、その恋人と比べ、ノンナが大人の女性としての色気に乏しい、というようなことを話すカリンに、例によって誰かと比較されるとすぐに自信をなくすノンナは、自分の子供っぽさに悩み、反発しつつも惹かれていきます。

カリンのために、彼女のもと恋人と同様の大人の女性らしい「ラ・シルフィード」を踊ろうとしたノンナのために、カリンはピアノを弾くのですが……開演前にブレスレットが壊れ、緊張から動揺するノンナの腕に、ミロノフが自分のペンダントをはずして金のチェーンの即席のブレスレットをつけさせます。踊るノンナの腕でさらさらと音をたてるチェーン……そこで、カリンがいきなりピアノ演奏を中断してしまいます。

カリンの自殺したもと恋人は、バイセクシュアルでもあり、カリンを裏切って男性の恋人を選んだのでした。その恋人が踊る時に、やはり同じようにつけていた金のチェーンの音を聞き、ありありと恋人の姿を思い出したカリンは動揺したのです。

音楽がないままに踊りを続ける舞台の上のノンナ。彼女の腕につけたチェーンの繊細な音が踊りの幻想的な雰囲気にちょうど合って、舞台は成功のうちに幕を下ろします。「私は確かに子供っぽいけれども、私の、私にしか踊れない「ラ・シルフィード」を踊ろう」カリンのピアノの音が途絶えた時にノンナの脳裏に浮かんだのはこのことでした。

「それでいいんだ、ノンナ。「ラ・シルフィード」は生身の人間の女ではなく妖精なんだ。大人の女性であってはいけないんだ」

大人になりきれないノンナのような性格の女の子だからこそ、「ラ・シルフィード」のそこはかとない幻想世界が構築できる、という真実を一つ知り、ノンナは初めてバレリーナとしての自分に自信を持つことができたのでした。……不確かで幻のような、少女という時期と少女漫画の作りものの世界の限界を指摘しつつ、逆転して肯定していくプロセスがここにあります。ここまでバレエを、少女漫画を、少女を、内と外から眺めて深く考えさせてくれたバレエ漫画は、私にとってはこの『アラベスク』が最初で最後でした。

## （6）『日出処の天子』

『日出処《ひいずるところ》の天子《てんし》』は、八〇年前後から『月刊ＬａＬａ』で連載が始まった古代史ものの大長篇漫画ですが、日本史で有名なかの聖徳太子の少年時代を描いています。厩戸王子《うまやどのおうじ》と呼ばれる少年期の聖徳太子は、超能力を持った孤独な天才で、クールな美少年。女嫌いの同性愛者で母親の愛情に飢える繊細な側面と、政治家としては冷酷なマキャベリストの側面をあわせ持つ複雑なキャラクターです。

母性的でおとなしい性格の母間人皇女《はしひとのひめみこ》は、実の息子ながら厩戸王子の人間離れした不気味な能力と冷たさを恐れ、凡庸ではあるけれども可愛く素直なルックスと性格の弟久目王子《くめのおうじ》を偏愛します。人間嫌いの厩戸王子が唯一愛したのは、宮廷で権力を持つ豪族蘇我馬子の長男・毛人《えみし》でした。

毛人は育ちのいい紳士で、お人好しで控えめな常識家の少年でもあり、蘇我家の跡継ぎとして、豪快でエネルギッシュな成り上がり者風の父馬子にはいくぶん頼りなく思われているのですが……。厩戸王子との交流が深まるにつれ、王子の底知れぬ不思議な能力を恐れつつも、また王子の父天皇の即位と崩御をめぐり、王子の叔父や叔母たちの血肉の権力争いに否応なしに巻き込まれつつも、そういったこの世の修羅のうちに生きて行かざるを得ない王子の孤独な魂に触れ、共感と同情さえ覚えるようになるのでした。

毛人は異性愛者であり、厩戸王子の気持ちを知っていてもそれに応じることはできません。気持ちの優しい毛人は王子に申し訳なく思い、気持ちを受け入れられないことを正面から謝罪する律儀な男なのでした。また、頭のいい厩戸王子もそのことはよく分かっているのですが……。みかどの家系の美少年であり、天才の名をほしいままにしながら、また女性たちにも深く愛されもするのですが、自分が本当に愛するものの愛を得ることのみは決してできない厩戸王子のキャラクターは、私のような読者には、ヒーローとしてだけでなく思い入れのできる共感する相手でもあったのです。

# Ⅱ

# スティーヴン・キングにおける場所と時間

## 「デリー」・アメリカの原風景

一九五八年秋、メイン州の片田舎にある小さな町デリーで、一人の少年が、新聞紙で作った舟を小川に浮かべて遊んでいた。少年ジョージは、ここ数ヵ月の間、自分につきまとって離れない、ほの暗い死の影を感じ取っている。それ（It）は、想像しうる最も恐ろしい姿をした何かであり、彼の家の地下室にひそんでいて、彼を闇の世界に引き寄せようと狙っているのだ。

スティーヴン・キング"It"は、洪水に見舞われた直後のデリーにおける、こんな一場面から始まっている。少年ジョージはこのあと、ピエロの姿をした正体不明の怪物"It"に襲われ、片腕をもぎ取られて惨殺されてしまう。そしてこれは、その後約一年間にわたって続いてゆく、一連の子供たちの殺人事件、行方不明、事故死の始まりだった。

　昔から、化け物、妖怪の類は、柳田國男の論を待つまでもなく、「場所」と結びついていることが非常に多い。題名に場所名・地名の入っている物語・小説・映画等を思いつくままに挙げてみても、『四谷怪談』をはじめとして、『番町皿屋敷』『八つ墓村』『ヘルハウス』『エルム街の悪夢』……と、数限りない。その事情は、日本でもヨーロッパでも、比較的歴史の浅いアメリカでも変わらないようだ。スティーヴン・キングの作品でも、"Salem's Lot"（『呪われた町』）はある町が吸血鬼にとりつかれて崩壊してゆく物語だし、"The Shining"（『シャイニング』）は、悪霊のとりついた大リゾートホテルが舞台だった。

　"It"もまた、デリーというメイン州の小さな町を舞台にしている。デリーは人口数千人、ポートランドから数十マイル離れた内陸部に位置する、アメリカのごくありふれた町である。公園、学校、図書館、ドラッグ・ストア、全国チェーンの店、町の中央を走るメインストリートなど、アメリカの地方でならどこででも見られるような、均質的な風景をもつこの町は、またそれ自体自己完結した、緊密なコミュニティでもある。

　スティーヴン・キングは、自らが生まれ育ったメイン州の片田舎の町に、強い執着を持っているようだ。キングの小説は、ニューヨークやロサンゼルスのような大都会を舞台にはしない。故郷メイン州の田園と森林、そしてそれらに囲まれた小さな町が、彼の好んで設定する舞台背景である。吸血鬼によってゴーストタウンと化したセーラムズロット、“The Body”(『スタンド・バイ・ミー』)の舞台キャッスルロック、『キャリー』のヒロインが住む町チェンバレン……。住民全員がお互いに顔と名前を知っているような、一見のどかで平和なコミュニティ。北アメリカ大陸を一度でも旅したことのある者なら分かるが、アメリカでは町と町との間の距離がとてつもなく長い。地方の一つ一つの町は、道路で結ばれていたとしても、それ自体孤立しているのである。一つの町が原因不明のままゴーストタウン化したりすることは日本でならまず考えられないが、アメリカにおいては充分リアリティのあることなのではないだろうか。孤立し、閉ざされた小世界。「デリー」もまた、その中の一つなのだ。

ここに「落ちこぼれ組」Loser's Club の少年たちがいる。どもりのビル、肥満児のベン、ユダヤ系のスタン、過保護ママに圧倒されている虚弱児のエディ、早口で頭の回転の良すぎるリッチー、町で唯一の黒人少年マイク、父親の干渉に悩む貧しい家庭の少女ベバリー。彼ら一一歳の七人の少年少女たちは、それぞれデリーの町にとりついた“It”の恐怖に出会い、力を合わせてその怪物を撃退することに成功する。

その年、一九五八年から二七年目にあたる一九八五年。デリーは再び“It”の脅威に見舞われる。たて続けに起こる、子供たちの行方不明と連続殺人事件。七人のうち唯一デリーに残って図書館員となっていたマイクは、もはや大人となって全米に散らばったかつての仲間たちを呼び戻す。一一歳の夏にかわされた、薄れかけた記憶に残る神聖な約束に従い、彼らは次々に故郷の町デリーへ戻って来る。もう一度あの怪物と戦い、今度こそ本当に打ち負かすために。

デリーを出た六人は、それぞれに成功して社会的ステータスを築いている。売れっ子小説家となったビル、建築家として成功したベン、人気デザイナーのベバリー、カリフォルニアで有名なＤＪとなったリッチー、会社社長のエディ、南部の町アトランタで会計士となったスタン。

「みんな成功して金持ちになっている……ぼく以外は」

会合の席で、マイクがこう言う。

「デリーを出たからさ」

全国の大都市に散らばった彼らの二七年間のキャリアは、それぞれにアメリカのサクセス・ストーリーの典型的なものである。

"It"を打ち負かした、という自信が、彼ら一人一人をその後の成功に導いたのだった。デリーに残ったマイクだけは、今だに"It"の呪縛から逃れることができずにいるのだが。

「あれは……デリーそのものなんだ」

一一歳の少年たちは、二七年前にそう言った。マイクが調査したデリーの町の歴史には、"It"の影が常につきまとっていた。

開拓時代に、原因不明のまま一度完全に消滅したことのある町デリーには、ほぼ三〇年ごとに「大災害」の年がめぐってきている。それらの年には、異常に事故や殺人事件の発生件数が多くなるのだ。一九二〇年代、鉱山のストライキの際に起きた大量殺人事件、町に初の黒人のジャズスポットができた時、白人暴徒によってひき起こされた放火事件。そういった、大量の犠牲者を出した大事件の折には、必ず何らかの形で"It"の姿を見かけた者がいた。

一見穏やかで平和な、片田舎の小さな町デリーの歴史にも、時代の推移は明らかに反映している。ストライキの弾圧、人種差別による暴力、第二次世界大戦、ベトナム戦争……。そして、それらデリーの歴史上の節目となる暗い事件のたびに、"It"は必ずその忘れられた姿を蘇らせるのである。

田園と森に囲まれた、平穏そのものの「デリー」の日常、この陽光に照らされた日常がはらんでいる、隠された闇の部分にこそ、"It"の影は跳梁し、人々を「もう一つの世界」へと引き込もうとする。日常にひそむ恐怖、闇の魔力は、スティーヴン・キングの猫く世界そのものである。キングの恐怖は、従って、あらゆる人間を平等に捉える。化け物や亡霊は、選ばれたある人間の前のみに現われるのではなく、バスルームや台所の流し、地下室や屋根裏部屋、畑といった、何の変哲もない生活空間に、そしてそこにいる全ての人間の前に出現しうるのだ。

アメリカのありふれた町「デリー」は、こうして、アメリカ人の大多数が心のどこかに思い描く故郷、原風景として再び浮かび上がってくる。メイン州もその一部であるところのニューイングランド地方は、アメリカの歴史上最初に開拓の始まったところである。アメリカ人の多くは、「故郷」の姿として、緑に囲まれた丘の上の白い家と教会、というニューイングランド的な風景を思い浮かべるという。これは実際にこの地方の出身者でなくともいえることらしい。大都市よりも地方、たとえばアンドリュー・ワイエスの絵画に見られるような広々とした草原、緑の森、牧場と農民、大自然に囲まれた風景こそ、よりアメリカ的ということなのだろう。アメリカの原風景としての町デリー。全国に散らばり、大都市で暮らすアメリカ人一人一人の内部にも、「デリー」は存在する。孤立し、閉ざされた小世界、平穏でのどかなコミュニティ。……そして、そんな小さな町に潜在する悪意と暴力、ふとした一瞬にたちまち日常を引き裂いてゆく恐怖こそが、"It"なのである。

"It"は、はるか太古の時から、その土地にとりついていた何ものか、である。ビルたちは再び"It"に挑戦し、デリーの地下に広がる"It"の胎内へと入り込んでゆく。"It"はとてつもなく巨大な蜘蛛の形をしている「女性的なるもの」、あるいは母性の象徴ともいえる。ここで連想させられるのは、ゲーテ『ファウスト』第二部に出てくる「母たちの国」、ギリシア神話をはじめとする世界中の神話世界に共通する地下の黄泉の国のイメージである。あるいは、映画『エイリアン』に出現する昆虫型宇宙人の巣、ギーガー的な有機体の胎内感覚。そもそも蜘蛛は、ギリシア神話のアラクネー、日本の女郎蜘蛛等、「女性」としてのイメージが強い。バリ島の魔女ランダのような、マイナス方向の女性原理、暗く不気味な女性性の闇が、ここに象徴されているのではないだろうか。地下の"It"の胎内宇宙、黄泉の国へ降りてゆくビルたちの闘いは、オルフェウスやイザナギノミコト等の神話的な死と再生のドラマの再現ともいえるだろう。

もう一つ気付かされるのは、「デリー」成立以前の、先住民族インディアンたちの痕跡である。アメリカン・ホラーに頻出する因縁話として、その場所とインディアンの祭祀との関わりがあるのは、『悪魔の棲む家』等、例を挙げれば枚挙に暇がない。ここには、「新大陸」「開拓地」「フロンティア」といった言葉に象徴される、もともとは借りものの土地、仮の故郷であるところの、もう一つのアメリカがある。アメリカ人にとって、「デリー」は故郷であるとともに、異郷、見知らぬ冷ややかな「開拓地」でもあるのだ。そもそもが異郷の地であるとすれば、彼らがその土地の未知なる脅威を潜在的に感じているとしても不思議ではないだろう。アメリカン・ホラーにあきもせず登場する先住民族インディアンの宗教タブーの侵犯、といった因縁話に、「開拓者」アメリカ人のインディアンに対する原罪意識のようなものを感じるのは、間違っているだろうか。

ビルたちは、"It"と戦い、犠牲者を出しながらも遂にそれを打ち負かす。もはや子供ではない彼らの二度目の戦いは困難を極める。最後の勝利……けれども、それが本当に全ての終わりであるかどうかは、誰にもわからないのだ。"It"が「デリー」そのものであり、切り離す事のできない片面である以上、デリーが存在する限り"It"も存在し続けるだろう。

デリーの呪いは、決して終わることがない……。

## ノスタルジック・アメリカ

### A――一九五九年

恐怖小説の世界においては、「現在」は過去と密接なつながりを持ち、時にはその過去に完璧に支配され、とらえられてゆく。恐怖小説の物語世界は基本的に「後ろ向き」であるといえるだろう。あらゆる怪奇現象には、必ず隠された原因――因縁がつきまとう。そういった因縁の糸をたぐり寄せ、過去のある一点に到達することが、ストーリー上の解決につながってゆく場合が多い。そのプロセスは時に、幼年期の忘れられた精神的外傷を探り当て、それによってヒーリング（治癒）を果たそうとする精神分析の手法を思い起こさせることがある。

ノスタルジーは、従って、恐怖小説の世界に最もなじみ易い感覚の一つである。スティーヴン・キングの小説においても、日常生活の細部まで生き生きと描かれ、「現代」が明確に浮かび上がってくる一方で、強いノスタルジーを感じさせられることが多い。それは一言で言えば、子供時代、あるいは思春期への強い執着である。

一九五九年――この年に、スティーヴン・キングは特別なこだわりを見せる。『スタンド・バイ・ミー』の四人の少年たちが死体捜しの旅に出たのは一九五九年、一二歳の夏のことだった。また、"It"の最初の戦いもこの年の出来事である。キング自身、一九四七年生まれであるから、やはり一九五九年の時点で一二歳を迎えていたことになる。あの黄金のアメリカ五〇年代。……その最後の年、彼らは子供時代に別れを告げ、思春期に足を踏み入れたわけである。何ものかの始まりは、また何ものかの喪失をも意味する。二度と再び還ることのない、「子供の時間」の輝き――それがたとえ、不安と恐怖に浸食され、哀しみに満ちたものであったとしても、一旦喪われた「子供の時間」は決して取り戻すことはできない。

スティーヴン・キングの小説には「子供の死」のモチーフが繰り返し現われる。"It"も少年ジョージの死から始まっているし、『スタンド・バイ・ミー』の死体になった少年、『呪われた町』で吸血鬼の犠牲となる子供たち、『チルドレン・オブ・ザ・コーン』で殺されてゆく子供たち、等々、数えあげればきりがない程である。そして、これらの死んだ子供たちは、亡霊や吸血鬼に姿を変え、生前の面影を残したまま生きている者たちの前に現われ、彼らを自分たちの世界、あちら側、異界へとさし招くのだ。

死者は年を取ることがない、とよく言われる通り、子供のうちに死んだ者たちは、永遠に子供のままである。『スタンド・バイ・ミー』の少年たちを、子供時代最後の旅に向かわせるきっかけとなったのも、同じく少年の死体に他ならない。死者に惹かれた旅——一見冒険小説のようにも見える、このユーモアとペーソスに富んだ中編小説全体に漂う、何ともいえない不安感は、そもそものはじめからこれらの少年たちが死の影に魅入られていることからきているのだろう。

彼ら四人の少年たちは、小さな冒険の旅の終わりに少年の死体に出会い、それを契機として大人の世界への第一歩を踏み出してゆく。そしてこの時、すでにして彼ら一人一人のその後の人生の行方が垣間見られるのだ。語り手であるのちの小説家ゴーディを残し、クリス、テディ、バーンの三人は、二一歳までに全員不慮の死を遂げることになるのだが、この旅の途中でたわむれに行われる「コイン投げ」が、それを予告する。彼らの出会った子供の死体が、彼ら自身の子供時代の終わり、象徴的な「子供の死」を意味していたとすれば、クリスたち三人は、その死者に引き込まれ、そこから結局逃れることができずに、永遠に異界の闇へと姿を消してしまったのである。ただ一人生き残ったゴーディでさえ、あの年、一二歳の年の、時間の呪縛から逃れることはできない。"It"の少年たちも、二七年という年月を経過した後にすら、再び「あの時」「あの場所」に戻らざるを得ないのだ。

アメリカにおける子供の行方不明、殺人事件の発生率の高さが、こういった「子供の死」とその脅威にリアリティを与えていると見ることもできる。キングの作品に描かれる子供たちの死は、それゆえに真に日常的な不安、誰の身にもいつ降りかかるか知れない、現実感に満ちた恐怖としてアメリカの読者たちに感じられているのだろう。

しかしまた一方で、そもそも子供という存在がたやすく死の世界と結びつき易いものだということがある。日本にも昔から「七歳までは神のうち」ということわざがあるし、「童子の力」については近年の民俗学で言われる通りである。理性や科学では説明できないもの、あちら側の世界にまつわる漠然たる不安を、敏感に感受し、感応することができるのは子供だからなのである。子供とは、現世の裂け目に生ずる「あちら側の世界」、異界への入り口を自由に行き来することのできる、特別な存在なのだ。

スティーヴン・キングの小説にしばしば登場する、異界と現世の接点、境界に立つ超能力者たちも、『ファイアスターター』の少女チャーリーや、『シャイニング』の少年のように子供であるか、『キャリー』の主人公のように思春期の少女、または何らかの形で「子供」の要素を持った人物ばかりである。『デッド・ゾーン』の主人公ジョニー・スミスは青年であるが、社会生活を営む能力を持たない障害者、アウトサイダーであるという点で、やはり「子供」の要奏を持つといえるだろう。

子供であるということはまた、やがて必ず大人になってゆく、成長してゆく存在であることをも意味する。必然的、不可逆的な「変化」の可能性をはらんだ、プロセスとしての子供の時間。そして、「成長」を遂げること、いつか子供であることをやめることが、健全であり、正常であるとされていることは言うまでもない。しかし、その一方で、この正常な「成長」に反発する反対方向へのエネルギーも、確実に存在している。成長への拒否——それは必然性に「生き残ること」への否定とつながり、死の世界との親近性を増してくる。

たとえばドイツ・ロマン派に見られたような夭逝者への賛美・憧憬は、決して特殊なものではなく、どの時代にも、人間一般に共通する一つの傾向としてあるように思われる。『スタンド・バイ・ミー』の副題が、"Fall from Innocence"であることも暗示的である。子供の持つ残酷さ、悪魔性をも包合しつつ、なおイノセンス（無垢）そのものの存在として、その子どもを見る。「死んだ子供」たちは、その意味でまさしく「完全な子供」である。スティーヴン・キングの作品の中で、「あちら側の世界」に魅入られ、引き込まれて、そのまま永遠に浮遊する存在となった子供たち――彼らは、いわば結晶化した「子供の時間」そのものである。

"It"においても、死んだ子供たちは、亡霊となって異界の闇から兄弟や友人たちに呼びかける。

「ベン、ぼくは浮いている。浮いている。君も浮くんだよ……」。

『呪われた町』で吸血鬼になった少年は、自分の家族を、友人たちを次々に自分の世界へと引き入れてゆく。「死んだ子供」たちは、かくも妖しく魅惑的である。「あちら側の世界」からわれわれを招く、蒼ざめた白い手の誘惑――。それが人々を魅きつけてやまないのは、誰しもが心のどこかで感じている、「イノセンス」、透明な「子供の時間」への執着があるからなのだろう。

大人でも子供でもない、境界の時間、子供から大人に変化しようとする、ちょうどその過程の時期である思春期も、その不安定さ、規定し難い頼りなさゆえに、闇の領域とたやすく接触する。スティーヴン・キングの処女作『キャリー』の主人公、超能力を持つ少女キャリーが自らの能力に目覚めたのは、初潮とそれに伴う精神的不安定をきっかけとしてである。狂信的な母親の影響から逃れようとした時、つまり「自立」を求める闘いが始まった時、キャリーの悲劇も始まる。

キャリー自身をも破滅に導いた、テレキネシス（念動能力）によるチェンバレンの町の破壊事件が、高校卒業直前の舞踏会の夜に起こったのは偶然ではない。大人への旅立ちの時、キャリー自身の「成長」への意志と、それを阻む人々の悪意、母親の絶対的な権威が火花を散らし、事態は急速に破局へと向かう。

精神のバランスを崩したキャリーは、超能力によってチェンバレンの町を炎に包んでしまうのだ。

少女キャリーは、ついに成長を遂げることができずに、思春期の不安定さに足を取られ、「あちら側の世界」に引き込まれてしまったあの「死んだ子供たち」の一人である。封印され、結晶化された青春。少女キャリーの運命は、まさしく一つの青春の挫折であり、この物語は読む者に、痛みを伴った独特の叙情性を感じさせずにはおかないだろう。

B――一九七〇年

スティーヴン・キングは、多くの作品の主人公を自分自身と同年、あるいは同世代に設定している。『スタンド・バイ・ミー』の少年たちや、"It"の七人、そして『デッド・ゾーン』の主人公ジョン・スミスも、彼と同年齢である。彼らは、アメリカにおけるベビー・ブーマー世代に属し、（日本のいわゆる団塊の世代とほぼ重なっている）第二次世界大戦直後の一九四七年前後に生まれ、一九五九年に一二歳、ティーンエイジ・青春時代を六〇年代に送り、一九七〇年には二三歳を迎えている。これは現在のアメリカ社会において中心的役割を担っているある世代を代表すると同時に、第二次世界大戦後のアメリカ現代史にだいたい重なりあう年代である。

アメリカの青春時代として今やノスタルジーの対象となる五〇年代、六〇年代、成熟へ向から七〇年代。スティーヴン・キングの作品に書き込まれたそれぞれの時代の雰囲気は、大多数のアメリカ人にとって馴染み深いものではないだろうか。

一九五九年を子供時代から思春期へと移行する象徴的な年とすれば、『デッド・ゾーン』でキングが描いているのは、青年期の一九七〇年代であるといえるだろう。『デッド・ゾーン』の主人公であるジョニー・スミスは、平凡な高校教師である。そのジョニーの運命を狂わせたのは、恋人サラの家から帰る途中で遭った突然の交通事故だった。ジョニーはその後五年間も昏睡状態に陥り、植物人間となる。その昏睡から奇跡的に目覚めた時、彼には自分が手を握った相手の未来を見ることができるという超能力が備わっていた。

長い昏睡の間に恋人も職も失い、足に障害が残り、社会の外側へと追いやられたジョニーは、自らの超能力をもて余しつつ孤独な生活を送る。しかし、野心的な政治家スティルソンに出会い、そのスティルソンの未来が、やがて大統領となり、世界を核戦争へと導くものであることを知った時、ジョニーは遂に自己の使命に目覚めるのだ。

ジョニー・スミスの使命とは、世界を破滅から救うために、大統領になる以前にスティルソンを殺すことだった。彼は、初めてここで銃を取り、ただ一人の戦いに出発する。そしてスティルソンの政治生命を奪うという目的を果たした後、自らも銃弾を受けて倒れる。

『デッド・ゾーン』の舞台となるのは、一九七〇年半ばから一九七九年までの一〇年間である。すなわち、ベトナム戦争終結をはさむ前後の、まさしくこれは七〇年代の物語であるといえるだろう。ストーリー中にも、「ベトナム」の影はさまざまに見え隠れする。たとえばジョニーの恋人サラの以前のボーイフレンドがベトナムで行方不明になったとか、ジョニーの友人がベトナムへ行った、などという記述が見られるばかりではない。一九七〇年の暮れに交通事故に遭ったジョニーが昏睡状態から目覚めるのは、一九七五年五月初めなのである。この日付が、一九七五年四月三〇日というベトナム戦争終結の歴史的事件と重なり合っていることに、誰もが気付くだろう。

ベトナム戦争末期の混迷とその終了、戦後の時代不安――「ベトナム」がアメリカ精神史・文化史に与えた傷の深さ、意識変化に関しては、よく指摘される通りである。「アメリカ社会の成熟」ということが言われだしたのもこの頃のことだろう。ともあれ、ベトナム戦争終結をきっかけとして、何らかの大きな意識変化が起こったことは否定できない事実であり、その意味で、「一九七〇年代」が今後アメリカの精神史において重要性を持つだろうことは確かなことと思われる。

『デッド・ゾーン』は、この七〇年代の時代不安を象徴的に映し出した物語である。障害を負い、普通の人々に見えないものを見、否応なく社会の外にはじき出されたジョニー・スミスの孤独は、アメリカ社会のアウトサイダーとなった数知れずの「ベトナム帰還兵」たちを彷彿とさせる。『デッド・ゾーン』はこの意味で、潜在的な「ベトナム帰還兵もの」の一つである。主人公の名前ジョニー・スミスは、日本で言えば佐藤太郎というような、最もありふれた名前であり、それゆえに記号的な意味を持ってくる。ごく平凡な、典型的なアメリカ人男性であるジョニー・スミス。そのジョニー・スミスが事故に遭遇して象徴的な死を体験し、その死から奇跡的に目覚め、全てを失ったかわりに超能力を得る、というストーリーは、古典的な聖者伝説を思わせる。

ジョニーの足の障害は、いわば選ばれた者のしるし、聖痕である。

『タクシードライバー』など数多くのアメリカ映画に描かれたベトナム帰還兵たちは、アメリカ社会に再び溶け込むことができず、いわゆる「文明社会」、高度資本主義社会の中で否応なしに孤立させられてゆく。文明社会のコンテキストから見れば狂気としか思えない、たった一人の閉ざされた英雄的行為に、その帰還兵たちの幾人かは突き進んで行くのだが、ジョニー・スミスの行為もまた、そういったテロリズムの類型とも見ることができるだろう。ここからは、既に何ごとかを「信じ切る」ということが共通性を持ち得なくなった時代の、閉鎖的な状況が透けて見えてくる。

ジョニー・スミスの死は、そのまま七〇年代への葬送でもある。過ぎ去りゆくものへの痛みは、サラがジョニーの墓を一人で訪れる、最後の場面を通じて表現されている。

「……とはいえ、いまでもぼくはときどき信じがたい思いがするんだ、大学暴動の嵐が吹き荒れ、ニクソンが大統領で、まだ電卓はなく、ビデオもなく、ブルース・スプリングスティーンもパンク・ロック・バンドもいなかった年、一九七〇年のような年がかつてあったとは。……」（『デッド・ゾーン』スティーヴン・キング著、吉野美恵子訳　新潮文庫版）

# 少年集団ものの小説と映画のこと

## 『飛ぶ教室』―1

エーリッヒ・ケストナーの『飛ぶ教室』が好きでたまらなかったのは、一一歳ぐらいの頃……九年後、大学でドイツ語を習うと、“Das fliegende Klassenzimmer”という原作をさっそく読もうと苦心しました。英語なら“The Flying Classroom”なんだ、まるでそのまんまの日本語訳の題名だったのかあ、とあっけない（?）感じがしたあの時。……飛ぶ教室、なんて、ちょっとよく意味が分からないけれども、題名としてはパッと目を惹き付けるものがあるので、訳者の人が考えてつけたのかと思っていました。

『飛ぶ教室』は、二〇世紀初頭ぐらいのドイツの都市にあるギムナジウム（全寮制中高等学校）を舞台に、主として五人の少年の学校生活を描いた作品……と一口で言えばそうなりますが、何がどう面白かったのか、は説明しないと伝わらないですね。ただ、この作品は、当時小学校の友達のやはり読書好きの女の子に勧めたところ、「つまんなかった」と言われてしまったりとか（笑）、大学の頃とある文芸自主サークルでこのことを書いたら「ケストナーはそんなお気楽なメルヘン作家として見るべきではない」と、生真面目な社会派ファンの先輩に突っ込まれたりしたさんざんな思い出ばかりで、いまだに人に勧めるにはトラウマが邪魔します（笑）。まあ、単に、ちゃんと人を見て勧めなかった私が世間知らずだったのですけど。

この小説はいわゆる少年小説とか少年集団ものに入る作品で、「男の子」要素の強い私にはとても共感を持てるキャラクターぞろいだったのですが、その女の子の友達はいかにも女の子らしい感性の持ち主だったので、面白みが全く感じられなかったのだと思います。また、社会派好きの大人の男性には、簡単に言えば、そもそもがメルヘンなんてとんでもない、小説は現実を直視すべきだ、という信念があったのでしょう。

……という前置きはどうでもいいのです。次に続けます。

## 『飛ぶ教室』―2

さて、「少年集団もの」というジャンルは、実は私が勝手に考えて作ったもので、一般には通りませんのでご注意を。主として都市に生活する少年たちのグループの物語、たとえばハンガリー・ブダペストが舞台の『パール街の少年たち』（モルナール・フェレンツ）や、『十五少年漂流記』（ジュール・ヴェルヌ）のような冒険もの、『エーミールと探偵たち』（エーリッヒ・ケストナー）、『少年探偵団』（江戸川乱歩）など探偵ものなど、バラエティに富んでいます。

こういう少年グループの話がどうしてそんなに好きだったのか……弟と弟の友人たちの遊び、それは主に三角ベースの草野球だったり防空壕（昭和三〇年代にはまだ残っていた）探険、秘密基地作りだったりしたのですが、その中に混じって遊んでいたこと、ある程度こちらが大きくなると、彼らの中には入れなくなったけれども、内心男の子の遊びをしたくてたまらなかった……というのがあるのかもしれません。男の子同士の付き合いが、またサッパリしてる感じがして憧れでした。

現実には、男の子の世界の付き合いだって決して甘いものではないのだけれども、そして、それから後の時代になってくると、子供の間のいじめなどが問題になったりしたので、子供だってつらいよ、というのは分かっていましたが、私が子供の頃の、別の厳しさはあってもおおらかな時代、空地や何もない空や時間がたっぷりあった頃の、同世代の男の子の男の子らしさ、みたいなものは懐かしい。そういう、自分にとっての夢の自分、が生き生きと活躍している夢を見る……ことを実現してくれたのが、たとえばこの『飛ぶ教室』という小説でした。

現実の自分といえば、眼鏡をかけたやせた女の子らしさのない子供で、学校に行く山道を歩きながら、お風呂の中でさえも本を読んでいた。……授業中もこっそり本を開いて現実逃避のトリップをしていたのですが、あの時代だからこそそれでも誰にもいじめられず、先生も見逃し、親も「本を読むのはいいこと」と放っておいてもらえたのだと実感するこの頃です。当時はまだ、本を読むことがマイナスのイメージを持っていませんでした。一〇年もすれば「暗いやつ」といじめられるようなキャラクターが、「おとなしくて本が好きなおねえちゃん」と、プラスに見てもらえる、おっとりした時代ではあったのだと思います。従って、たぶん私の世代あたりが「文学少女」という、今は絶滅したタイプの女の子を生んだ最後の世代であったのでしょう。

## 『飛ぶ教室』――3

で、ようやく『飛ぶ教室』の話になるのですが……この物語は、ドイツの大都市（たぶんベルリン）のとあるギムナジウムで寄宿生活を送る五人の少年たち、家は貧しいけれども正義感の強いリーダー的な少年マルチン、芸術家肌で一人親と別れ、外国から戻ってきたヨナタン、ふとっちょで大食漢、いつも食べることばかり考えている、でも優しくて力の強いマチアス、その親友で臆病者、病弱で小柄ないじめられっ子ウリー、頭がよく皮肉屋で、何ごともクールに突き放して見るけれどもユーモアセンスのあるセバスチアン、彼らを中心に描かれます。クリスマスの劇としてクラスで上演することになった「飛ぶ教室」という劇の練習や、その上演、クリスマス休暇に至る一時期を、彼ら一人一人の心の動きや成長に焦点をあてて綴っていきます。

この五人の人物造型は、古典的な「少年らしさ」の典型的性格をそれぞれ凝縮して抽出したようなもので、現実の少年、あるいは少女さえも、誰もが少しずつ彼ら全員に似ている。そんな親近感を感じさせる見事なものだと思いました。

現代のドイツのギムナジウムは男女共学だそうですし、二〇世紀初頭の頃の都市の少年たちが描かれているということで、今はもう全く同じ光景は見られないのは当然ですが、私の心の中の「少年」のイメージの原型は、確かにこの物語と一致しています。もしかしたら、ギムナジウムの雰囲気は日本の旧制高校の雰囲気と通じるものがあったのかもしれません。ギムナジウム、旧制高校は、その後大学に進学することがほぼ決まっている男子生徒たちの、いわばモラトリアムの時間を過ごす場所であった、という話をどこかで読んだことがありますが、旧制高校はそうにしても、ギムナジウムについては多少事情が違っているかもしれません。

## 『飛ぶ教室』―4

『飛ぶ教室』の五人の少年のうち、私が一番好きだったのは、実はセバスチアンでした。挿し絵では眼鏡をかけた少年として描かれていて、五人の中ではストーリーに直接影響を及ぼすことがなく、ほとんど傍観者の役割なのですが、そのクールなボソッとした照れ隠しのような発言やコメントが、いつも鋭く的を射ていて、却って特異なキャラとして存在感がありました。

マルチンはライバル校の生徒たちとの決闘(?)でかっこいい役割を果たすし、ヨナタンは「子供の涙は決して小さくない」というケストナーのテーマが描かれる場面の主人公です。マチアスは話題がいつも「腹減った」で落ちがつくコメディアンですが、思いやり深く力持ちなので、ちびのウリーをいつも気づかっています。ウリーは臆病者ということで他の生徒たちにバカにされているのですが、最後に皆の目の前で傘をパラシュートにして高いところから飛び下り、骨折はするけれども、それまでの臆病な自分を克服し精神的に成長します。

クリスマスイブの日、寄宿舎の生徒たちはいそいそと両親の家に戻って行きますが、マルチンの家は父親が失業中で、帰宅のための切符が手紙の中に入っていません。涙をこらえながら寄宿舎でクリスマスを過ごす決心をしたマルチンの様子から事情を察した寄宿舎の先生が、そっと彼に帰郷のための費用を手渡します。雪の中、頰を上気させながら両親の家に戻るマルチン。予測しなかった息子の帰還に、両親は彼を固く抱き締めるのでした。

## 『飛ぶ教室』―5

『飛ぶ教室』には、大人の代表として、ギムナジウムの先生たち、思いやりのある正義先生、その先生の親友である禁煙先生という世捨て人が登場します。禁煙先生は庭に廃車になった電車の車両を置いて、その中にストーブや家財道具を持ち込んで一人で住んでいるのでした。物静かな哲学者のような禁煙先生が世捨て人になったのは、悲しい恋の経験がきっかけだという噂があります。

彼とじっくり話をしたい生徒たちが訪ねる電車の内部の描写が、いかにも楽しげだったので、私には電車に住むことがずっと憧れになっています。公園で廃車になったSLや市電の車両が緑や花に囲まれているのを見たりすると、今でも胸が高鳴ることがあるのは、この物語の記憶からでしょう。全く個人的な話なんですが。

ギムナジウム、という舞台にやがて日本の少女漫画で再会したのは、五、六年後、萩尾望都の『11月のギムナジウム』『ポーの一族』『トーマの心臓』といった一連の作品を読んだ時でした。『ポーの一族』は吸血鬼という不老不死の人間ならざる魔物になった少年たちの物語。自らは成長することなく外側の時間のみが流れていく、という永遠のモラトリアムを生きる彼らにとって、ギムナジウムは絶好の隠れ家であったのでしょう。主人公の吸血鬼の少年、アランに恋したため、やはり吸血鬼になってしまう内気な少年の名前が「マチアス」。ここには『飛ぶ教室』の影響がやはり影を落としていたのでしょうか。

日本の少女漫画におけるギムナジウムは、少年愛、男性同性愛を描く舞台として好まれていました。それは直接には、フランス映画『寄宿舎』のような、全寮制男子校を舞台にした少年愛ものの映画が影響していたのでしょうが、『飛ぶ教室』のマルチンとヨナタン、マチアスとウリーの友情にどことない同性愛の香りを感じていたのが私だけではなかったのかなあ、と、そこまで考えてしまったのは、やっぱり私らしい偏った思い込み（願望）にすぎないのでしょうね。

## 「漂流記」というジャンル

「漂流記」とは、もはや失われてしまったジャンルのフィクションでしょう。誰も知らない島、未開の土地、人跡未踏の地、などという場所を、もはや地球上に見つけることはできません。人工衛星が地球のあらゆる場所を、数十センチ単位で監視できる時代、電波が飛び交い、どこからでも連絡可能な現代において、難破した船で何日も漂った末、何年も発見されずに無人島で生活する、なんてことはもはや不可能でしょう。

ロビンソン・クルーソーの時代よりも、地球の人口は爆発的に増大しました。今となっては、他人に見つけられずに自然派生活をするなど、贅沢の極みというべき。南アメリカ・アマゾン流域あたりの先住民族を、「蛮人」だの「人食い人種」などと呼んだら国際問題に発展するかもしれません。ロビンソンと先住民のフライデーの関係が、今の常識から見るといかにも不均衡に見えたり、「文明人」という考えが、どうしても欧米中心の偏った視点に見えたりするのも、今どきのアジア人の目で見るから。

そうはいっても、いやそれだからこそ、失われた「漂流記」の世界の、あまりに素朴なヒューマニズムは今の私たちの郷愁を呼び起こしたり、却って新鮮に感じられたりするのかもしれません。ロビンソン・クルーソーにせよ、『十五少年漂流記』の少年たちにせよ、それまでと全く違った荒々しい自然の中という環境に置かれても、自分たちのもともとの西洋文明を信じる考えやよりどころは揺らぐことなく、先住民族との出会いも相手を教化してゆく「文明人」の側にいるという信念が変わることがない。この環境に左右されない人間の存在感の充実が、自然を人間の力でねじふせようとする力強さが、むしろ伝統的に環境に合わせて生きていこうとする日本人である私などには、驚くべきオプティミズムに見えてしまいます。

## 『十五少年漂流記』

『十五少年漂流記』は、『海底二万マイル』などのジュール・ヴェルヌ作、ニュージーランドの少年たちが南アメリカ大陸、チリの沖合にある無人島に漂流し、そこで力を合わせて生き延びていくというストーリー。ヴェルヌはSFの元祖に近い設定の月世界旅行の話も書いているし、どちらかといえば少年向き冒険ものの古典的作家でしょう。冒険ものに心おどらせ、少年としてダイナミックに駆け抜けたり、正義感に燃えて行動する、なんて夢を見るのが心地よかった小学生の頃の私には、実にわくわくするストーリーでした。私自身は小柄で痩せておとなしく、運動音痴でお下げ髪、レースの襟のワンピースなどを着ていたタイプだったので、もし当時の私のアタマの中を映像化して覗くことができたとしたら、そのあまりのギャップに誰もが笑っただろうと思います。でも、私は本気でした。

漂流する一五人の少年たちのうち、フランス系、イギリス系がいて、フランス系の少年がリーダー格としてキャラクター設定されているのは、やはりヴェルヌがフランス人だから、などということは、子供の頃読んだ時には解説を見てああそうか、と思った程度。当時の田舎の小学生に、フランス系もイギリス系も区別がつくはずもなく、それゆえに少年たちの間に派閥グループができたり、対立関係ができたりする、という構図も、本当のところ意味は分かりませんでした。

この物語で一番好きだったのは、少年たちがそれぞれ自分の個性や特技を発揮して、力を合わせ、知恵を出し合って苦労しながらも楽しく生活してゆくところでした。何かの特技があって、皆に一目置かれ、黙々とその作業（たとえば大工仕事）をする少年のキャラクターに、何より惹かれた私でした。あまりにも前向きな、お子さま教育向けストーリーではありましたが、漂流記のよさはその楽天主義だと思っているので、そこが魅力というべき。

大学生になってから、このストーリーをある意味意地悪く大人の視点で反転したゴールディング『蝿の王』なんて小説を読み、その人間性の闇の部分や野蛮性への洞察力と厳しい表現に圧倒された私でしたが、それでも『十五少年漂流記』は、もはや不可能と思われる素朴な教育的健全性と、いまや極楽トンボと呼んでもいいぐらいの前向きさにおいてこそ、存在意義があるのではないかと、今さらながら頑固に思い続けているのです。

## 『海軍特別年少兵』

戦う女性ものが好きだった私は、それ以前に、戦う少年もの、というのも好きでした。スポーツを見るのが好きなこととも通じるのかもしれませんが、躍動する肉体の動きの美しさという見かけだけでなく、目に見えない精神力のエネルギーの集中と爆発、ともいうべきものを感じるあの一瞬がたまらなく好きだったのです。人間の苦痛に耐える表情、を普段の生活ではなかなか見る機会のない時代にずっと生きてきているせいもあるかもしれませんが……。その苦痛の後の達成の瞬間の安らぎの表情、ぽっかりとした空白の表情、というのもまた背筋がぞくぞくするほど魅力的でした。何やら、いのちの原点を見ているような気がして……スポーツでも、戦争ものやアクションものの映画でも、そういう瞬間を見ることが一番感動的であったような気がします。

戦う少年と戦う女性との共通点はどこにあるのかと言えば、彼等がどちらも戦いにおいては不利な条件、ハンディキャップを明らかに最初から背負っている、ということではないかと思います。つまり、成人男性ほど身体が大きく強くないということです。

けれども、少年は大人より身体が小さく弱くても、まぎれもなく男性であり、男性としてのプライドがちゃんと備わっている。男として戦い大事なものを守ろうとする気持ち、あるいは、自覚さえしていない内面の野性や攻撃性と、まだ大人になりきっていない、しなやかで繊細な肉体と力の弱さの乖離が、彼等をしばしば悲劇的な状況に追い込んだり、苦悩させることになります。透明で硬質な、それゆえに脆くもある危うさ、が戦う少年たち、あるいは戦う女性たちの魅力であり美しさの本質であるように思います。

大人の男性の兵士たちが、銃を撃ったり戦った後、あるいはその最中に怯えたり涙を流したりすることはいまひとつ絵にならないところがありますが、少年や女性であれば、そういった行為に伴う迷いや人間の弱さ脆さをストレートに表しても自然に受け止められる、ビジュアル的にさまになるような気がします。つまり、戦う人間の弱さを含めたトータルな人間味を表現するのに適しているということ……。もちろん、現実には、人間の性格はさまざまで、少年や女性であろうと冷酷な人はいるし、大人の男性であろうと性格が優しく、正直に迷いを見せる人だっているでしょうけれども。

さて、そういった戦う少年像を描いた映画として最初に私の印象に残っているのは、高校生になったばかりの頃に見た今井正監督の『海軍特別年少兵』（一九七二）でした。これはもとはと言えば中学の同級生がエキストラとして参加したので見てくれ、と言われて見たのが最初だったのですが、ほとんど同年代の少年たちを描いたこの映画には一時すっかりはまりこんでしまいました。

第二次世界大戦末期、戦力が不足したため徴兵された海軍特別年少兵とは、最年少者がなんと一四歳の中学生でした。りりしく勇気のある少年もいますが、中には動作が鈍く、大切な武器を紛失したことを苦にして自殺してしまう純朴な農村出身の少年も出てきます。幼いゆえに、純粋に理想を信じてやがて硫黄島に送られた彼らは、一人、一人と無意味に犠牲になっていく。……初めて銃を撃ち、恐ろしさに震える、まだあどけない顔をした少年の姿が目に焼き付いて離れませんでした。

## 『橋』

海軍特別年少兵のような悲劇は、第二次大戦時には、日本だけでなく、ドイツでもやはり同様のことが起こっていたと、「橋」（Die Brücke、ベルンハルト・ヴィッキ監督、一九五九）を見ると分かります。

やはり戦争末期、ドイツでは遂に一五、六歳の少年たちまで兵士として駆り出されなければならない状況に陥ったのですが、ドイツの田舎のある小さな村で、八人の少年が召集され、村はずれの橋の守備の任務につきます。正規の軍人たちは、まだあまりに若い彼らを死なせることをせずに済むようにと、戦略的には重要度の低いその地点に彼らを配置したのですが、予想に反し、その橋から敵が村に攻め寄せて来る……。

少年たちは大人たちの思惑も知らず、生まれ故郷を守るのだと決意を胸に最後まで戦ってしまうのでした。……既に結果の見えていた戦争に彼らを巻き込むまいとした大人たち、純粋さゆえに責務を疑わなかった少年たち。……交差する二つの思惑、現実の残酷なすれ違いを淡々と描いていくこの映画は、ドイツ映画らしくいささか重厚で息づまる雰囲気はありますが、ハリウッド系など娯楽ものの戦争映画ではひたすら悪役としてしか描かれなかったドイツの末端の人たちの戦争の苦痛をよく表していてまぎれもなく名作の一つだと思います。

## 『誓い―ガリポリ』

戦争映画の中の少年たち、とはやはり繊細で小柄な身体を持ち、力が弱いけれども大人の男としてのプライドを備え、純粋な理想を抱いているがために、結局は利用されて無意味に多数の無名な犠牲者たちの一人になってしまう、そういう役回りがほとんどでした。従って、反戦のメッセージを持った映画で生き生きと活躍しやすいのです。

オーストラリア映画『誓い―ガリポリ』（Callipoli〉ピーター・ウィアー監督、一九八一）もまた、その基本パターンを踏襲しているのですが、こちらはオーストラリアという英語圏のうちでも新興の辺境と言ってもいい国の歴史をも反映して、ある種のみずみずしい清新な感覚を残す青春映画になっていました。

一九一五年、一八歳の純朴な若者アーチーと剽軽《ひようきん》もののフランクは、オーストラリアの原野を駈ける短距離ランナー。二人は年令制限をかいくぐって軍隊に入隊しますが、オーストラリア軍はイギリスの支援のため全く無関係なトルコの要塞の地ガリポリに派遣されます。ひたすらナイーブなアーチーはイギリスのために戦うことはオーストラリア人として当然だと信じて疑わないのですが、フランクは祖父がイギリスにより処刑されたという家族の歴史を持つため、オーストラリア＝イギリスの息子という考え方には懐疑的。それでも若い二人にとって、初めての海外への旅はそれなりに楽しいもので、若者らしい爽やかな友情に結ばれていくのですが……。

現実にはやはり、イギリス軍にとってはオーストラリア軍の部隊は捨て石と同じで、お茶の時間を過ごすためにオーストラリア人部隊に自殺にも等しい総攻撃を命じます。イギリス軍にとってもオーストラリア軍にとっても全く必要のない、意味のない攻撃。「攻撃中止」の伝令となったアーチーは得意の足で前線に向かって走りますが、すでにオーストラリアの部隊は突撃を開始していました。自分の行為の無意味さ、命をかける空しさを知りつつも突撃するフランク、そして銃撃を受けながらどこまでも走り続けるアーチー……。

ずっと英語圏の辺境として顧みられることのなかった新興国オーストラリアの青春の痛みともいうべきものが、彼らの走る姿からひしひしと伝わってきたように思ったのは、私だけだったでしょうか。……オーストラリア映画が存在を主張した最初の映画が実はこの『誓い―ガリポリ』であったことも、この哀切さよりもみずみずしい何かを感じさせたことと関係があったのかもしれません。

# わが愛しの怪獣たち

## 愛と哀しみの怪獣

子供はお化け、怪獣が好き、というのが当たり前とされていますね。実際、自分の子供を見ても周りの子供たちを見てもそうですし、自分の子供時代も当然そうでした。それは男の子、女の子を問わず真実であるようです。

ただ、いい年をした大人が、ずっと怪獣を好きだったりするのは、ちょっと異様なことに見えるでしょう。それで、小心者（というより、いい年して自意識過剰）の怪獣ファンの大人は、世間様の目を気にしながら、「こんなことしてていいのか？」と、自ら突っ込みを入れつつ、こっそり一人で怪獣とのバーチャルな逢瀬の時間を楽しむことになります。

なぜあんなに怪獣が好きだったのか？　思い出してみると、いろいろな理由があるのですが、まず何よりも、ルックス的なインパクトの強さと面白さ、唐突に現れて、ただ街を破壊しまくるだけという行動の無目的無意味なシンプルさ、恐さと表裏一体をなしている何とも言えぬ哀感、といったところではなかったかと思います。

子供心にも、怪獣が突然出て来て人間を襲ったりすると恐い、とは感じるものの、どこかで怪獣に妙な共感を抱かずにはいられないところがあったのです。それは、考えてみたら、なぜ怪獣がひたすら退治されなければいけない存在であるのか、出てきたとたんに悪者と決めつけられるのか、合理的な説明がつかなかったからでもあります。

これは周り中の子供や若者が言っていたことなので今さらなのですが、怪獣は可哀想だ、ただ一匹だけサイズが大き過ぎて邪魔になる、そして見た目がグロい顔をしている、というだけのことで問答無用で退治されるのだから。怪獣だって生存がかかってるのだから、身体が大きすぎればついつい建物を壊してしまったりするのは当たり前だし、世界中で同じ仲間や立場や言葉の通じる相手もなく、孤立していれば不安で荒れたりしたくなるのも分かるぜ、怪獣にだって言い分ぐらいあるだろうに、怪獣には裁判を受ける権利もないのか、なんてところでした。

唐突に世界に投げ出された、ただ滅ぼされるためだけの、邪魔なだけの、迷惑なだけの存在。……その姿は恐ろしくもあるけれども、愁いに満ちていて、ひたすらに孤独でした。まあ、そこまで深くは言葉にして考えてはいなかったのですが、一瞬にして直感で感じていたものがあったのだと思います。

私の悪役好きは生まれつきだったようで、怪獣好き、というのもその路線の一つだったのかもしれません。

## ペギラ

さて、私が小学生の頃、ちょうど『ウルトラQ』が始まって、ウルトラマン、ウルトラセブン、等々、その後のウルトラものの端緒となるのですが、子供の目に焼き付いたモノクローム・円谷プロダクションオリジナルの怪獣ものの衝撃の強さは、まだまだ情報や刺激の少なかった大らかな時代にあって、忘れがたいものとなりました。

毎週のように壊されている東京タワーは、どうやって修理してるんだろう、などという素朴な疑問もちらほら出ていたのですが、当時東京最大のランドマークであった東京タワーを破壊する、という怪獣の行動が、お約束のようにビジュアル化されていたのは、あれは視聴者の潜在的願望をかなえているんだよ、とは高校の美術の先生の解釈でした。

そうそう、怪獣は孤独でニヒルで可哀想なだけではなく、痛快な存在でもあったのです。子供ならば、あるいは大人になってさえひそかに、誰しも夢の中で巨大な体になって、東京タワーにまゆをかけたり、ちょっとはたいただけでゆがめてしまったり、あるいは、中にいる人ごとゆさゆさやって驚かせてみたい、なんて思うことがあるのではないでしょうか。怪獣はそんな願望を体現するキャラクターでした。

『ウルトラQ』ではペギラという怪獣が出てきて、東京を凍らせ、東京タワーを両手でつかんで揺らしたりしていましたが、その中で呑気にラーメンを食べながら「わあ、ペギラってでかいなあ」と見上げているちょっと太めの少年の反応がおかしく、自分もその場にいてペギラを間近に見られたらいいのに、なんて思ったことを思い出します。

## キングコング

怪獣ものの映画やテレビドラマがこれほど多く作られ、怪獣がこれほど多くいる国は、どうやら他にはあまりないようなのが面白いと思います。アメリカの古典的スター怪獣であるキングコングぐらいは思い出すのですが、ちょっとこれも日本の怪獣とは性質が違うように感じますね。

キングコングはゴリラが単純に巨大化しただけのもので、野生動物のイメージが集約されたもの、しかも擬人化されていて人間的・コミカルなキャラクターになっていてアメリカの陽気なオヤジさんのようです。女好きだし……なんてことも既に周知の事柄なのでこれ以上は書きませんが。

日本の怪獣は、何を考えているか分からない、非人間的な存在である、という以前に、存在そのものが恐るべき悪である、という、一種不条理なまでの（?）切なさがあるのはなぜなのでしょうか。……これについても、やはり分析している人はたくさんいて、キングコングを野生動物、あるいは野生による都市への逆襲のメタファーとして読むとすれば、日本の怪獣は天災あるいは戦災のメタファーである、なんて指摘も昔よく見かけました。

なるほど、怪獣が地震や台風など、天災のイメージをビジュアル・キャラクター化したものだとすれば、その唐突な登場の仕方も、恐ろしさも、問答無用で退治しなければならない理由も納得できます。天災はもともとは神々の仕業とされていたのですから、怪獣はもしかしたら、氾濫する河のメタファーでもあった八岐大蛇《やまたのおろち》の遠い子孫であったり、あるいは、これも一つの「零落した神々」の一種なのかもしれませんね。

だとすれば、怪獣に恐れとともにある種の畏敬を感じたり、ひそかに同情・共感してしまったりする子供の直感は、それほど見当はずれのものでもないようにも思うのですがどうでしょうか。

## キングギドラ

さて、日本の怪獣の極め付けといえば、ゴジラだと思いますが、彼は私が生まれるずっと以前に存在していた元祖・怪獣です。ゴジラについてはあまりにも多くの人が語っているので、今さら私が書くこともなさそうだし、また別のところで出すとして、ビジュアル的に私が最も強いインパクトを感じたのは、キングギドラでした。

ネーミングもストレートで純朴なもの凄さがあるのですが、デザイン的にもあれはゴージャスというのか、高貴さすら感じさせ、いかにも無敵という感じでした。三つの頭を金色に輝かせながら、悠々と空を飛んでいる場面では、鳥肌が立ったほど。もともとが金星から来た怪獣で、金星の文明を滅ぼしてしまった、などという話も考えてみればわけも分からず凄い……。

当時能登半島の山の上に住んでいて、空想癖の強い過敏な子供だった私にはあまりに刺激が強過ぎて、映画を見た後三日間ぐらいは空を見上げるとキングギドラが飛んでいるイメージが浮かんでくるほど、ぞくぞくと恐かったです。

学校の教室では授業中もそんな風にぼおっと窓の外の空を見ていたものだから、先生には怒られるし、でもさすがに「キングギドラが飛んで来ると大変ですから」とは説明できなかった小学二年生頃の自分でした。

キングギドラというのは、よく考えてみると、日本神話に出てくる八岐大蛇と同系統のデザインだったと思います。世界中の神話にあるドラゴンにも似ていたし、それだけ由緒ある（?）かたちだったのかもしれません。それを言えばゴジラだってドラゴン系統なのですが、ドラゴンは古生物学的に遡ればやはり恐竜まで行き着くし、何にせよ連想は止まらない、といったところです。

## ゴジラ―1

さて、日本の生んだ怪獣の王、と言えば、やはりゴジラがまっ先に上がるでしょう。実際、怪獣映画の元祖がこの『ゴジラ』、昭和二九年作。私が生まれるよりもずっと前から存在していた怪獣なのですね。

ネーミングもぴったりで、インパクトがあってしかもシンプル、キャラクターの造型的にもほとんど完璧。と、私には思えます。恐さの中にもユーモアと哀愁さえ漂わせるあのご面相が好きでたまりません。

怒りに孤独感をはらんだ三白眼をやや下向けて、口から吐く放射能、背中のトゲトゲを光らせながらしっぽを振り回すあのシーンは、恐ろしくも美しかった。ゴジラのデザインは、ルックス的には恐竜、それも肉食恐竜のティラノサウルスによく似ているのですが、恐竜の外見については実はナゾが多く、たとえば表皮はどんな色だったかとか、模様があったかなども分からないらしいので、単にティラノサウルスのイメージに似せている、と言った方が正確かもしれません。

ティラノサウルス・レックス、という恐竜についても、ノスタルジックな思い入れがあるのですけれども、恐竜がドラゴン、神話伝説の龍と似通ったイメージであるという事実は、人類のDNAに刻み込まれた遠い恐竜時代の記憶に淵源を持つのでは、という指摘も言い古されたことではあります。

ともあれ、ゴジラは恐竜に似通ったドラゴン系のルックスを持った怪獣であり、それゆえに「かたち」的にはオリジナル極め付け、の怪獣らしい怪獣、という気がします。ゴジラがヒットしてその後海外も含め四〇年間以上にわたり何十作も映画が作られるに及んで、ゴジラというキャラクターは既に常識として定着し、ゴジラと言えば日本人の誰もがほとんど近似のイメージを即座に思い浮かべることができるようになりました。つまり、ニックネームにもパロディの対象にもしやすい、ということ。

プロ野球選手の元読売ジャイアンツ・松井秀喜選手はゴジラという呼び名の方が親しまれているぐらい。はっきり言って顔だちも似ているし、人間離れしたパワー、相手チームに恐れられ敬意さえ払われるほどのぶっとんだエネルギー、そのくせユーモラスで一匹オオカミ的な、でも根はシリアスな性格、なんてところも、ゴジラの名にぴったり、なのかもしれません（身体も大きいし……）。

## ケムール人の走り

一番恐かった怪獣というと、実はケムール人なのです。私の場合は……。テレビ最初の怪獣ドラマシリーズである、黄金期円谷プロダクションのウルトラシリーズの始まり、『ウルトラQ』……こちらもまだ小学校低学年というところで、キッチュで穴だらけの仕掛けでも、プロットに無理があっても、ただ怪獣の存在感そのものが烈しく新鮮でありました。

ケムール人はバルタン星人などと同様、異星よりのインベーダー（懐かしい言葉だ）だったのですが、彼はそれほど巨大サイズではなく、でも人間よりは相当大きく、夜中の誰もいない町なかの道を一人で走っているのですが、その走り方が鳥肌ものなのです。なんと言ったらいいのでしょう、ものすごいロングストライド走法なんです。スローモーションのように、足を上げて次に足を着地させる場所がずうっと遠くにある。……足跡が巨大で、しかも何メートルも先に次の足跡がある、この世のものではない何かであることが確実と言えるような走り方だったのです。

夜中に一人走っている、ナゾの生物、というのは、東欧だとかインディアンの民話なんかにも出てくるらしくて、恐怖小説にもそういうものが出てきたのを覚えています。存在し得ないような、あり得ないかたちの足跡、って、これは恐いですよね。

今でも、ケムール人が夜中の街のアスファルト道路を一人スローモーションで走っている映像を思い出すと、背筋が寒くなることがあります。ストーリー全体としては、例によってほんの三〇分で失敗、解決してしまうような、間抜けな侵略の仕方だったから、意外とお茶目でもある侵略者ではあったのだけれども、もうそっちの方は覚えていなくて、ただひたすらあの「この世ならぬものの走り」のイメージが目に焼き付いて、少なくとも私にとっては、最も恐かった怪獣の代表者となっているのでした。

## ゴジラ―2

怪獣がなぜ退治されなければいけないかといえば、どう考えてみても、要するにサイズが大き過ぎる、ということに尽きるようです。大き過ぎる、とか、余計なものが出ているとか、無駄である、といったことは、日本においてはあまり歓迎されないし、美意識にも反するものがあるようです。

日本の歴史民俗学の本を読んでいて、納得した話があったのですが、悪とは存在の過剰である、というところが、欧米の悪魔などと違うところだそうで、……キリスト教の悪魔とは、結局「存在の欠落」であるのに反して、「過剰なるもの」は忌避され退治されるべきもの、という感覚がもともとあるようなのです。小さいものが美しく、あるいは神に近いもの、という傾向は、たとえば日本神話のスクナヒコナの神のような小さい神や、少年神信仰などにも伺えるし、今も「可愛さ」を重視する日本独特の美意識が残っていることからもうなずけるように思いますが、こういった話は実証が難しいですね。

ともあれ、世界各地に残る巨人伝説や巨神のイメージは、日本においては精彩を欠いている、というのは確かなようです。「ダイダラボッチ」のような伝説の巨人はいますけれども。ただ、日本の「悪」は、欧米の悪魔などとは性質が違っていて、必ずしも嫌悪のみされる対象であったわけではない、というところも、日本の倫理観が欧米のそれとはどこか違っていることに通じているのかもしれません。中世において「悪党」「悪太郎」などと呼ばれた人々は、暴れん坊、ぐらいの、エネルギー過剰な連中、といった意味合いが先だったとか。狭い国土で四季の移り変わりや自然の脅威とうまく折り合いをつけ、環境に順応しながら稲を育てて生きてきた日本人にとって、秩序を乱す存在は悪ではあるけれども、自然に近いものにも感じられ、遠ざけつつもどこかで親しみさえ覚える相手であったのかもしれないと思います。

あまりに大ざっぱな話になってしまいましたが、ともかく、こういうことを考えると、日本の怪獣の特異性が何となく分かってくるような気がします。サイズが大き過ぎるというだけで、考えてみれば何もしてないのに（大き過ぎるからつい建物は壊してしまうけれども）、また、見ている限り、怪獣がものを食べているシーンはほとんどなかったように思うのに、食べるひまさえ与えられずに（?）退治されるだけなんて、あまりにヒドイ、と感じた私の感覚はやはり相当ずれているのでしょうか？

## ゴジラ―3

「ゴジラ」第一作に出てきた芹沢大助博士は、クラシックなSFやホラーものの定番スターであるマッド・サイエンティストの一人。元祖ともいえるフランケンシュタイン博士以来、一般の人には分からないような浮き世離れした研究にふけって、世俗には興味を示さず人間嫌い、ボロボロの白衣を着てぼさぼさ髪なのはそんな俗なことに構っていられないほど研究に熱中しているから、……というお馴染みのキャラクターです。ついでに人間嫌いになるだけの何らかの精神的トラウマを抱えていたりすればほぼ完璧。

芹沢博士は戦争で顔に傷を負っていて、秘かにヒロインに心を寄せている。こういう絵に描いたような、今どきはもう死語かと思われる「影のあるインテリ」のキャラクターは平田昭彦の当たり役で、怪獣映画や青春ドラマで、冷たい感じの科学者や嫌みな教頭先生といった悪役やライバル役に他の役者の追随を許さない存在感を示していました。

クールで端正な彼の知的な容貌は、多数派の人たちの共感を呼ぶには気難しくなじみにくい雰囲気があって、それゆえに却って主役にはなり難かったようですが、癖のある脇役や憎まれ役を律儀に、そして楽しんで演じていたように思います。

芹沢博士の開発していたオキシジェン・デストロイヤーという武器のネーミングのあまり

に素朴なセンスに吹き出しつつも、自己犠牲によるゴジラの封じ込めというラストシーンには、いつまでも哀感が残りました。怪物たるゴジラと、人々から離れ、報われることのない愛を心に秘めたまま海に沈んだ芹沢博士の組み合わせこそが、この映画の真のラブストーリーだったのではないかと思ったりもしたものでした。……余計な想像力を持った子供の考え過ぎの感傷かもしれませんが。

# 女性アクション映画の魅力

## 『ジャンヌ・ダルク』——1

なぜだか、ずっと、強い女性が好きでした。

それも単純に、アクション系の見た目が強い女性、戦う女性が好きで、見ていてスカッとして憧れてしまうのでした。自分自身は運動神経が鈍くて精神的にも弱く、すぐ落ち込んだりイジイジしやすいおとなしめのダメダメタイプだったから、よけいにそういう女性に憧れたのかもしれません。

だからいわゆる女戦士系は全部好きで、アマゾネスから巴御前、水滸伝に出て来る一丈《いちじょう》青扈三娘《せいこさんじょう》などなど、心ときめかせるキャラクターでした。

女戦士の古典的代表キャラといえば、やはりジャンヌ・ダルクでしょう。ジャンヌ・ダルクものの映画はたくさんあるのですが、代表的なものはたぶんイングリッド・バーグマンのジャンヌと、ミラ・ジョヴォヴィッチのジャンヌではないでしょうか。

百年戦争当時のフランスは、今のフランスと同じではなく、北部のごく一部がシャルル二世王の領地。血縁関係のあったイギリス・イングランドの王家と複雑に入り組んだ王位継承の争いや領地争いを続けていたのでした。フランスの田舎の農村ドンレミ出身のジャンヌ・ダルクは一七歳の少女だったので、バーグマンやミラ・ジョヴォヴィッチだとだいぶ年上という感じがしますが、それぞれ持ち味の出た特徴あるジャンヌ・ダルク像を演じていたかと思います。

イングリッド・バーグマンは、人間離れしてさえ見える整ったクールな美貌、それゆえに中性的とも言える雰囲気のため、当時既に三〇歳ぐらいだったにも関わらず、少女ジャンヌ・ダルクの甲冑姿が凛々しく似合っていました。

ジャンヌ・ダルクは神のお告げを受けてフランスのために戦ったことになっていますが、この時代、教会を通すことなく直接神と対話した、と主張したことが後にイギリス側に捕われた際に異端とされ、また、男装をしたことも禁じられたことだったので、魔女と断定される根拠の一つになりました。だいぶ後になって、ジャンヌ・ダルクの名誉回復裁判が行われ、聖人に列せられましたが、聖女ジャンヌ・ダルク、という清涼なイメージには、バーグマンの北欧的金髪碧眼のノーブルな雰囲気はぴったりでした。

ジャンヌ・ダルクは、当然のことながら、敵側のイギリスではやはり魔女とされていて、シェイクスピアの史劇の中では完全に悪役になっています。彼女が戦場で活躍したのは実は一年ぐらいなものだったのですが、それだけでこれほど有名になってしまった人の常として、伝説が先行し、現実の彼女がどういう人であったかは実はよく分からなくなっています。ただ、当時のパリ市民が残した日記に「ラ・ピュセル（乙女）」と呼ばれる少女戦士のことが出てきますから、実在の人物であるのは確かでしょう。歴史的には、実は戦功よりも、教会を通さないで直接神との対話をした、ということが、その後一世紀してから起きる宗教改革の先駆けであったところに意義がある、としている人もいます。

## 『ジャンヌ・ダルク』―2

イングリッド・バーグマンのジャンヌ・ダルクは凛々しく美しく魅力的でしたが、戦闘の場面はさすがにあまりリアリティを感じられず、大人の男性の観客からは失笑が漏れていました。それはまあご愛嬌として、七〇年代、八〇年代と女性のアクションものが一般に受け入れられ発展を極めたのち、九〇年代後半になって作られたミラ・ジョヴォヴィッチのジャンヌ・ダルクは、動作がきびきびして、むしろ戦闘場面の方がリアルなぐらい。

アメリカ映画でアクションものの映画に出る女優さんたちは、もとが美人であっても、軍服を着たりわざと顔を汚したり、『エイリアン3』のシガニー・ウィーバーに至ってはスキンヘッドにしてしまうほどのプロ根性（?）です。

ミラ・ジョヴォヴィッチも、ほとんど美少年のごとく軽快機敏に、そしてワイルドに戦場を駆けていて、たぶん実在のジャンヌ・ダルクもこういう少女だったのではないかと納得させられるものがありました。

話はずれるのですが、フランスの一〇代の女の子というのは、どうも私が今まで実際に会った実例を思い出す限り、それほど女性的な感じはしない人が多いようです。意外と中性的で、むしろ少年っぽい。カトリックの国ということもあるでしょうが、フランスの女性は結婚前は堅くて、いわゆる女性的な魅力が出てくるのは年齢を重ねてからだということです。私が出会ったフランスの一〇代の女の子たち一人一人を思い出すと、なんとなくジャンヌ・ダルクの面影が重なって見えてくる感じもするのでした。

## 『ニキータ』

いわゆる女性アクションもののうち、若い女性のアクションもの、熟女やシルバーエイジのアクションまで、実はいろいろとあるのですが……、一般に、アクションものの本場といえばアメリカなのですが、ジャンヌ・ダルクを生んだ国だけあって、フランスにもワイルドな女の子アクション映画はあります。

『ニキータ』などは、いかにもフランスらしさの出ている女性アクションもので、アメリカ映画と比較するうえで面白いサンプルかと思います。アメリカ映画のアクションものでは、女優さんもジーンズや迷彩服を着ていて、あくまでアクションそのもので勝負しているのですが、『ニキータ』の場合は、凶暴さの点では全く遜色ないにも関わらず、当時流行のミニのボディコンのドレスを着たまま冷静に重たい銃を撃ち、ジャンプして逃亡するなどの大立ち回りが印象的でした。

どこまでも見た目上フェミニンなファッション性にこだわり、最後はヒロインが要人暗殺者としての仕事よりもごく普通の男性との恋愛を選ぶところも、いかにもフランス映画の基本パターンをはずしていなかったところに妙に感心してしまいました。

この『ニキータ』は、ハリウッドでもブリジット・フォンダの主演でリメイクされていますが、こちらはブリジットの華奢でデリケートな雰囲気が強調され、また違う味わいが出ていました。ひたすら強いというのではなく、たまたま銃の腕が天才的だったために国の暗殺者として訓練され利用される少女の、内面の傷付きやすさと恐れ、脆さと迷いが、ブリジット・フォンダの大人になりきっていない細身の身体やあどけなさの残る表情でよく表わされていて秀逸でした。

## 『グロリア』

女性アクションものでも、おばさん、じゃなくて熟女アクションものとでも言うべき、大人の女性のアクションものがアメリカ映画は特に充実していて面白いと思います。

極端なところでは、ヒッチコックの『バルカン超特急』の中で、穏やかに微笑んでいた老婦人の乗客が実は国家の諜報部員で、いきなり大立ち回りを演じて線路にジャンプしたりするシーンが見ていて爽快でした。そういうビジュアル的な意外性、思わず視線を惹き付けてしまう絵づくりはさすがは天才ヒッチコックでありました。

熟女アクションもの、おばさん系ハードボイルドの味わいは、やはり主人公の女性の物憂げでちょっと疲れたような、後ろ姿の哀愁、それと抱き合わせのユーモア感覚、といった陰影の深み、ではないかと思っています。ともかく、女優さんのキャラクターが大変にチャーミングなのです。若い女の子のアクションものは見ただけできれいで気持ちがいいですが、何と言えばいいのか、こういう人格の深み、微妙な苦味の混じった甘味の味わいは出てこない……。やはり見た目の完璧な美しさの方がどうしても目立ってしまって、内面にまでこちらも入って行きがたいところがあるのです。従って、思い入れがしにくくなるきらいがあります。

そういうことを、私は生意気にも子供の頃から感じていました。そして、初めて心からかっこいい、と思ったのは、八一年頃に見た『グロリア』のジーナ・ローランズでした。

ニューヨークの高層アパートに一人で住む少々くたびれた中年女性グロリアが、ある日同じ階のプエルトリコ系の一家がマフィアの抗争に巻き込まれて少年一人を残して殺されてしまう、という場面を目撃。その少年と共に、彼の命を狙うマフィアの一味と戦いながら逃亡生活に入ります。

グロリアの前歴は謎に包まれていますが、ひとたび銃を取ると顔色一つ変えずに正確に引き金を引き、相手をなぎ倒してしまう凄腕で、はっきり言ってプロ中のプロ。これがまた、ジーナ・ローランズの迫力と威厳に満ちたルックスと相まって、ぶっきらぼうな優しさと思いやりもほの見え、実に渋くてかっこいい。

天涯孤独の身でありながら、プエルトリコ系の少年を守って戦う姿、少年との少々恋人めいたやりとりには母性愛も感じられて……。しかも、グロリアは単に少年を守って押し寄せる敵を倒しているだけではなく、自分からマフィアの首領のところに乗り込んで行くのです。

手下たちを倒して、マフィアのボスに銃を向けるグロリアに、ボスはこう呼び掛けます。

「グロリア、一緒に寝た仲じゃないか」

マフィアのボスとグロリアは、どうやら元恋人同士だったことが分かります。深く慣れ親しんだ者同士にしか通じない、一瞬の視線のやりとり。グロリアはクールにボスに少年の命を助ける交渉をして、それからまた油断なく銃を構えたまま、少年と共にボスの前から逃亡するのです。

ジーナ・ローランズは監督ジョン・カサヴェテスの奥さんでもありますが、このカップルは文句なしに渋い、とずっと思っています。

『私がウォシャウスキー』

『グロリア』は、九〇年代になってからシャロン・ストーン主演でリメイクされましたが、こちらはまた別の魅力が出ていました。徹底的に渋かったジーナと比べ、シャロン・ストーンはよりセクシーです。とはいえ、アクション・シーンは本物の迫力。なにせ、『トータル・リコール』ではあのアーノルド・シュワルツェネッガーの急所にケリを入れていたぐらいですから……。あれだけの完璧なブロンド美人にあそこまでやってもらえれば、もうすでにして一種の爽快感があります。

もう一人、これも極め付け、と思われるのは『私がウォシャウスキー』のキャスリーン・ターナーでしょう。キャスリーン・ターナーといえば、『白いドレスの女』で、真面目なエリート弁護士のウィリアム・ハートを転落させるファム・ファタル、ヴァンプのようなパーフェクトな悪女役を思い出しますが、こちらはそのパロディとも言えなくはないキャラクター設定です。

V・I・ウォシャウスキーという、これまた時代遅れのハードボイルドの探偵みたいな名前の私立探偵が彼女の役。探偵事務所をやっていますが、依頼人はほとんどいません。ウデは確かなのですが、名前を聞いただけで犯人にまで吹き出され、バカにされる始末。姪らしき少女との掛け合いも一言一言がとぼけておかしい。

ある事件の調査で犯人側に捕まった彼女の前に現れた犯人の一人は、なんと中学の同級生だったふっくらすだれ頭の小柄なオヤジ。

「こいつは昔から気の強い女なんだよ」「こいつは大学院出てるんだぜ。それが今じゃ所持金二〇ドルのしがない探偵だ」と、せせら笑われて、「よけいなお世話よ！」とふてくされて言い返すところも笑えました。

たてロールのかかったブロンドヘアにサングラス、ハードボイルド定番ファッションのトレンチコートという大げさなファッションも妙に大時代でおかしく、またそれが現実とずれているところもペーソスを感じさせる。こういうおかしみを存在だけでかもし出せる女優さんというのは、日本の映画ではなかなか見つけにくい。しかも、もともとが美人であれば尚更です。こういった、見かけだけでない女性キャラクターそのものの魅力を引き出し、十分に楽しんでいけるだけの、人間の魅力で勝負する女性、という概念が受け手側にいまひとつ発達していないのが原因なのかもしれません……。だとしたら、けっこう惜しいことをしているのでは、と思います。

## 『極道の妻たち』

さて、おばさん、もとい、熟女アクションものがアメリカ映画だけの専売特許かと言えばそういうわけでもありません。一般におとなしめのイメージのはずのアジア女性でも、香港映画あたりはカンフーの達人のおばさんが出てきたりします。身のこなし、銃の扱いを見ているだけでも、相当に訓練を積んでいると素人目にも分かる動きのよさ。

日本で熟女アクションに当たるのは、と考えてみたら……ありました。そう、『極道の妻たち』シリーズです。ただ、あれは着物姿で凄んでみせたりする気迫の勝負が多いようで、アクションそのもの、撃ちあいや殺陣となると、やはりいまひとつ迫力に欠けるような、リアリティが乏しいような……そもそも、着物というのはアクションに最も向かないファッションの一つではないでしょうか。

とはいえ、世界的に知られるジャパニーズ・マフィア、ヤクザの世界倫理（?）および美意識からすると、あのビジュアルは欠かせないポイントで、ほとんど動かないのに目つきの迫力だけで手下を動かしたり、気力で勝負したりするあの欧米人的にはナゾの戦い、非合理な精神世界の様式美、あれはやっぱり見て面白いのではないかと思います。極道の妻、というのは要するにジャパニーズ・マフィアのボスの妻なので、そうなると自分が大立ち回りを演じなくとも、組の若い者がしっかりと動いてくれたりするわけで、やっぱりそれは、個人の力というのではなく、役割の様式的力、組織的な力ということになるのでしょう。もしかしたら、そういうところにも日本的と言われる特徴が表れているのかも、などと思うのは読み過ぎなのかもしれませんが……。ともあれ、ビジュアル的には日本の極妻は個性的というよりはやはり美しいと思います。

## 『スノーホワイト』

さて、熟女アクションものの傑作はアメリカ映画に多いと思うのですが、ハードボイルド系あるいはそのパロディのコメディだけでなく、SFものでもおばさんアクション女優さんは大活躍しています。

代表的なのが『エイリアン』シリーズのシガニー・ウィーバー、『ターミネーター』1・2のリンダ・ハミルトンでしょう。こちらは異星人ものやロボット・サイボーグものとしての視点からも取り上げられますが、熟女アクションものとして見た場合にも画期的といえる作品でした。

シガニー・ウィーバーという女優さんも私は大好きなのですが、彼女はもともと正統派美人で博士号を三つぐらい持っているという才媛でもあり、そういうところが却ってハリウッドでは嫌われて（？）ずっと役がつかなかったそうです。『エイリアン』ももともとは男性を主役に据える予定だったところを、七〇年代後半という当時の時代の流れもあって、監督が目先を変えようとして女性を採用したらしいのですが、この最初から最後まで宇宙服を着たままのリプリー中尉役が彼女の代表作になってしまったところが皮肉といえば皮肉かもしれません。

得体の知れない侵入者エイリアンにおびえつつ、閉ざされた宇宙船の中で最善を尽くし生き延びようとする彼女の戦いの姿は、男性に比べて見た目が小柄で華奢で、デリケートさを感じさせるがゆえに、ビジュアル的にエイリアンの恐怖をリアリティあるものにしていたと思います。

シガニー・ウィーバーは、『ゴーストバスターズ』では少々嫌味なアーティストの女性をパロディ化した役を楽しそうに演じていましたし、ライバル役など悪役も厭わず誠実に演じているところが性格のよさやきまじめさを感じさせて好感が持てます。『ハーフムーン・ストリート』という作品では、昼間は考古学者、夜はコールガールという役で、こちらも彼女ならではの味が出ていました。コールガールとして客の家に行く時にも、それらしい派手なファッションを身につけることができず、いかにも先生らしい、お堅い感じのベージュのスーツなどを着て行くところも楽しかったです。普通なら、こういう設定の映画では衣装で変身するところを見せ場にするはずなのですが、彼女だとそれが却って無理があるぐらいに、内面で勝負するというキャラクターがしっかりしているということなのでしょう。

白雪姫の童話を映画化した『スノーホワイト』では、彼女は白雪姫の継母役を演じていましたが、王妃でしかも魔女なのに、自ら変装して白雪姫にりんごを渡しに行ったり、夫の国王を暗殺して一人でその身体を引きずって運んだりと、全部一人で自ら汗を流して、悪事を働いていたところが働き者というべきか、貧乏性というべきか、魔法を使うか家来にやらせればいいじゃん、と、思わず突っ込みたくなるような努力家ぶりでした。これを見ているだけでも、ここまで努力家では悪人としては効率が悪くて不器用だし向いてないよなあ、と思わずにはいられない、愚直なほどの彼女のまじめさが私は好きです。

Ⅲ

# 『赤毛のアン』と私

## 『赤毛のアン』―1

『赤毛のアン』は、私ぐらいの年代の読書好きの女性にとっては格別の思い入れがあるのではないかと思います。六〇年代ぐらいまで、「少女小説」という、ジュブナイルの分野があったのですが、今だと漫画、アニメ、テレビドラマに読者層を持っていかれているかもしれません。少女小説とは、たとえばオルコットの『若草物語』など、少女を主人公にして、その成長を描くもので、たとえばヴェルヌの『十五少年漂流記』などのように、少年小説が非日常の冒険を描いていたのと比べ、より日常生活の中の出来事に密着してストーリーが進んでいくところに特徴がありました。

日本の典型的な少女小説といえば吉屋信子の『花物語』のようなものでしょうが、こういった閉ざされた耽美的世界は、戦前のように男女の生活空間と人生目標がくっきりと分けられていた時代、少女時代が一種のサンクチュアリのように外界から隔絶して守られ閉鎖されていた時代にこそ存在できたものでしょう。

まだ一〇代にもならない、小学校三、四年生の頃、私が夢中で読んでいた少女小説のほとんどは、欧米の少女たちを描いた翻訳ものでした。少女探偵の出てくる探偵小説から、看護婦になろうとしている少女を描いた職業もの、気立てのよい少女がいじめなど逆境に耐えながら幸せになるというシンデレラパターンのメロドラマ、歴史ものまで、あらゆる少女小説の中でも、一年近くその世界に独占的に捕らえられ浸りきってしまったのが『赤毛のアン』でした。

## プリンスエドワード島―1

『赤毛のアン』の舞台となるのは、カナダの小さな島プリンスエドワード島です。当時、能登半島の山の上にほとんど外界と隔絶されて住んでいた、田舎の子供だった私にとって、欧米人を実際に見ることもほとんどなく、カナダとアメリカ、ヨーロッパの違いも分かりませんでしたが、それでもカナダの寒冷な気候と大自然に囲まれた、何もないからこそ手作りのイマジネーションを思いきり広げることのできるアンの世界には、ごく自然に入り込むことができました。

空想癖の強い、個性的な赤毛の女の子アン・シャーリーの物語には、作者のルーシー・モード・モンゴメリが過ごした一九世紀末のプリンスエドワード島の生活が反映していたのでしょうが、こういった機械化以前の、言ってみればナチュラル派の生活が、六〇年代頃の日本の少女たちにとって憧れの対象であり、容易にその世界に没入することができたものであったのは何を意味しているのでしょうか。

『赤毛のアン』は、意外と本国カナダでは知られていない、読まれていないそうです。高校生になってから、カナダから来た留学生の同じ年頃の少女と話をする機会があった時、私はさっそく『赤毛のアン』の話をしようとしたのですが、彼女は「ごめんなさい、それ知らないの。読んだことがない。ヘミングウェイはどう？」と言うのでがっかりした覚えがあります。その後、アメリカ人の女性と話をしても、『赤毛のアン』やモンゴメリを知っている人には会えませんでした。日本ではこんなに有名なのに、と不思議に思ったことを覚えています。

## プリンスエドワード島—2

『赤毛のアン』を熱狂的に支持していたのは、どうも私たちぐらいの世代の日本の本好きの女の子だけ、というと語弊があるかもしれませんが、その後はそれほど読まれている雰囲気もしないし、本国の人に聞いてもクールに「知らない」と言われるので、もしかしたら、あの時代、あの状況の日本においてのみ、特に訴えるものがあったのかもしれない、とも今では考えています。

小学校三、四年生の頃の私は、本来何でも本を手当りしだいに読みあさる多読雑読傾向だったのに、ほとんど『赤毛のアン』シリーズ全八巻を繰り返し読むだけで一年近くを過ごしていました。このシリーズは、アンの少女時代からアンの娘の青春時代、アンの五〇代までを描いている、アン・シャーリーという女の子の一生の物語なのですが、アンは孤児院からある兄妹のところに引き取られてきて、アヴォンリーという小村で自然に囲まれて育ち、やがて街の大学で学生時代を過ごし、女子校の教師となり、幼馴染みと結婚して島の家で生活し子供を育てる、と特に大事件に遭うこともなく、変わったこともないごく平凡な人生を送ります。

ところが、その人生の生活の日常の小さなエピソードの一つ一つが、珠玉のようにきらめいてワクワクするものに思えたのはなぜだったのでしょうか。手作りのパイを焼いたり、パフスリーブのドレスに憧れたり、花柄の羽布団に寝るアンの様子を想像したり、お茶会の準備に忙しくする外国の日常の時間の一コマ一コマが、あたかも自分が経験していることのように身近に感じられたのは……？　イマジネーションに溢れたアンが、家の周囲の森や小道に「恋人たちの小道」「お化けの森」と名前をつけていたように、私も能登半島の何の変哲もない森や林、沼などに、ひそかに自分で名前をつけて空想を楽しんでいたのでした。

## プリンスエドワード島―3

今になって思えば、六〇年代の日本の田舎の子供の生活は、ほんとに何もなく、できあいのおもちゃや本も滅多に手に入らず、生活の機械化も最低限で、山の上で他の友達とは離れて生活していたのでもっぱら妹弟プラス近所の友達数名と遊び、だだっ広い自然と、自由にできる時間とがたっぷりとあっただけだったのです。いまどきのように、子供のニーズに合わせて快適に作られたおもちゃも遊びもなかったので、どうしたかというと、時間をかけて自分たちでゼロから遊びを考案していたのです。

考えてみれば、それは一九世紀末あたりのカナダの田舎の生活にかなり通じるものがあったのかもしれないと思います。ほとんどが手作りのナチュラル派の生活、刺激の少ない平穏な日常は、イマジネーションに恵まれた人間にとってはそれを生き生きと広げることのできる絶好の環境です。何もないからこそ、また完成された便利なものが不足しているからこそ、空想の力で補い、宇宙の彼方までイマジネーションを羽ばたかせることができる。その自由の素晴らしさ、というのは、今の日本ではちょっと味わえないものかもしれません。

空想に浸る時間は、本人にとっては至福の豊かな時間なのだけれども、はた目から見れば単にぼおっと怠けている、あるいは、訳のわからない嘘ばかり言ってる変人としか映らないものです。赤毛のアンも、一九世紀末のプリンスエドワード島という、のどかで人口が少なく、みんなが親類のようで、時間のゆとりがたっぷりあった村の中で生活していたからこそ空想に浸ることが許されたということはあるでしょう。たとえばそこが近代化の進んだ都会で、みんなが時間に追われて暮らしていたら、全く理解もされないし、ひどい場合には何か病名をつけられて病人扱いされたかもしれないと思います（笑）。

## 『赤毛のアン』―2

何もない、不便、シンプル、稚拙、無駄、などなどといったことは、現代ではマイナスに評価されがちですが、実はそういったところにこそ人間の空想の力、つまりは創造性につながる何かを発達させる余地があったとも言えると思います。昔が良かった、とか、そういう安易な発想で言っているのではなく、便利もいいし、洗練も結構なことだけれども、一方で失われたものも大きい、という指摘をちょっとここでしておきたいような気がします。

今の日本の子供たち、と一般化できるかどうか分かりませんが、身の周りの子供たちを見ていて、放っておかれない、自由にぼおっと無駄に過ごせる時間が少ないということには、余計なお世話かもしれませんが同情を覚えることがあります。自分で何かを作ろうとしても既によくできた製品が売ってあって、手作りは見劣りがするとか下手だとか言われて子供の創作意欲をつぶしてしまいかねません。何ごとも上手に洗練された、きれいなものを作らないとバカにされるような、そんな風潮も感じられ、子供は畏縮してしまうのではないかと思います。

大人の目の届かない、子供たちだけの手作りの世界、上手だの下手だのと比較評価されることもなく、商品化を基準にどうこう評価されることもなく、のびのびと自由に空想力で補っていた、冬の雪のかまくらは、どんな王様のお城よりも豪華な宮殿だったし、その後大人になってからいわゆる高級ホテルなどに泊まっても、あの粗末な手作りの雪の家ほどにワクワクしたことはありませんでした。

現代の大人が、もちろん自分自身も含めて、そんな幸せを子供たちから奪っているとしたら申し訳ないことだと思います。九歳の頃の私は、山道をボロボロになった『赤毛のアン』の本を読みながらランドセルをしょって歩いていた、小柄で痩せて貧弱な、眼鏡をかけた田舎の女の子にすぎませんでしたが、イマジネーションの世界の広がりは実に豊かで贅沢なものでした。どんなお金をかけたとしても、あの時の幸福感というものは再現できないと思っています。

## プリンスエドワード島―4

カナダ・プリンスエドワード島の歴史について、大人になってからいろいろと知る機会があり、『赤毛のアン』やモンゴメリの背景についてもある程度クールに見られるようになりました。

プリンスエドワード島は、先住民の時代に、フランス人により「発見」され、フランスとイギリス両国の間で所有権争いの場になったという歴史を持っています。現在の住民の大部分がスコットランド系であるとのこと。モンゴメリという名前も、彼女が結婚した相手の牧師の名マクドナルドも、典型的なスコットランドの名前です。ケルト系に特有の夢見がちなイマジネーションに富んだ性格が、モンゴメリのアンの夢の島をつくり出しているというのは納得しやすいことです。

パッチワークや手作りのキルト、木いちごのパイ、花柄のインテリアや妖精たちの住んでいそうな森、などなどの風景は、スコットランドやウェールズのイギリス・カントリー風そのもののイメージです。自然を友とし、空想を人生の楽しみとも慰めともしながら、一方でストイックで素朴な生活を送るケルト系移民の一九世紀末から二〇世紀初頭にかけての人生哲学のようなものが、『赤毛のアン』からは伝わってきたように思います。

## モンゴメリ

作者のルーシー・モード・モンゴメリは、幼くして母を亡くしてプリンスエドワード島の祖父母に預けられ、豊かな自然の中で自由な空想を楽しみながら育ったということです。フィクションを書くほどの人ですから、アンと同様、想像力が溢れるほどで、周囲の人には浮き世離れしたことを話す変わり者と思われていたかもしれません。ただ、ケルト系、スコットランドやアイルランド系の女性では、そういったタイプはそう珍しくなく、自然に受け入れられるものだったのは幸いではなかったでしょうか。

祖父母のもと島の片田舎で育った彼女は、同世代の中ではどちらかといえば古風なところもあったでしょう。本土の都会の大学で教職の資格を取ると、モードはプリンスエドワード島に戻り、親代わりの祖母の世話をしながら教師の仕事を一三年にわたって続け、祖母の死後ようやく三六歳になってから婚約者の牧師と結婚するのです。長い婚約期間を過ごした恋人同士、どちらも誠実できまじめな性格を感じさせます。

牧師の妻としての日常、更に三人の子供を育てながら、『赤毛のアン』シリーズや他の少女小説を書き続けていく生活は、よほどの意志の強さを必要としたと思います。現実の生活上の仕事と、頭の中にあるイマジネーションの世界を展開し書き留める仕事を同時にやっていたのですから、二つの全く違った人生と生活を同時進行させていたようなもので、彼女は時々疲れきって、特に教会の集会の仕事では何度も「首を吊ってしまいたいぐらい」と日記に書き留めているほどです。

こんなタイプの女性というのは、たとえば現代の日本だったら存在を許されたかどうか、と思います。あるいはひどい誤解にさらされたり、何か病名をつけられてほんとに病気になってしまったかも……。ただ、六〇年代頃の日本の少女たちには、まだまだ彼女に共感できるような空想の時間を過ごす余地があったのかもしれない、と、今となっては思います。今から見れば何もない、貧しい時代ではありましたが、そういう点においてのみ見れば、イマジネーション過剰タイプの人間にとっては肩身が狭くなく住みやすい時代であった、というプラス面は確かにあったのだと思います。

# 二人の男性名女性作家

## 『そして目覚めると、わたしはこの肌寒い丘にいた』

ジェイムズ・ティプトリー・ジュニア、というSF作家がデビューしたのは一九六八年のこと。骨太の男性作家が登場、とフェミニズムSF全盛であった七〇年代SF界では、そういう変な期待もしていた人たちがいたそうです。八〇年代のサイバーパンク系SFにつながる、とんがったセンスが新鮮で、しかも、まるで全てを見てしまった老人のような、達観した世界観みたいなもの、一見軽くて壊れているようで、実は重厚にクラシックな文体など、他の追随を許さない個性がはっきり出ていて、マニアックなファンが日本にも多く存在していました。

『そして目覚めると、わたしはこの肌寒い丘にいた』……この短編が翻訳されて『SFマガジン』に掲載された一九七四年が、ティプトリーの日本における初登場の年。とある宇宙港の片隅で、初老のエンジニアが、異星人に取り憑かれたために苦難に満ちたものとなった自らの半生を語るのですが、それが彼個人の問題というだけではなく、人類全体の宿業にまで広がっていく、という深い絶望感の漂う作品。

そもそもは明るい未来を疑わないアメリカの青春の感性、自らの側に正義ありという、ゆるぎのない確信をベースとした楽天的な宇宙観から始まったアメリカSFも、六〇年代以降、エスニックや女性など、多種多様な視点や感性が一気に導入され、こういった人生の苦みや深み、未来へのさめた視点なども読者の心に届くようになった頃です。といって、決して成熟しすぎてしぼんだわけでもなく、ベースはエネルギーあり余るぐらいの若さであることは変わらないSFの世界だったのですが……。

こういう、不良少年だかおじいさんだか分からない、でもやっぱりなんだかすごい作家が、実は本名アリス・ブラッドリー・シェルドンという六〇歳近いおばさん（女性）であった、という事実が判明した一九七七年、圧倒的多数が若い年代の男性であったSFファンの間には（日米どちら側でも）衝撃が走ったと言います。

## 『老いたる霊長類の星への賛歌』

ティプトリー、本名アリス・シェルドンは、一九一五年生まれ、冒険家の父と小説家の母を持ち、若くして結婚・離婚後、二〇代前半はグラフィックアーティストとして仕事をし、やがて空軍情報学校を女性として初めて卒業、ペンタゴンやCIAで働いていた、というハードボイルドな（？）経歴の女性でした。同世代の女性で同様の経歴の人など、日本はもちろんアメリカにもいなかったでしょう。多少社会からの疎外感を持った若い男性と感覚が似てしまうのもある意味当然かもしれません。

彼女が初めてSF小説を書いて採用されたのが五三歳の時。それから彼女の正体が明らかになる六一歳の頃まで、ずっと男性覆面作家ジェイムズ・ティプトリー・ジュニアであり続けたのですが、日常生活では、五〇歳近くになってから大学に入りなおし、心理学博士号を取って大学の講師という職についていました。

彼女が男性名をペンネームにした理由について、彼女がそれまでのキャリアにおいて、どこに行っても「女性として初めて」などと言われることにうんざりしていたからだと彼女自身が語っていたそうです。本来の自分の作品そのものを淡々と発表したいのであって、男性名であれば空気のように目立たず溶け込めるだろうと……それまでの半生、男性ばかりの職場や場所で、好奇の目で見られたり、目立ちたいとも思わないのに目立ってしまい、必ずしも好意ばかりでない、むしろ敵意のこもった視線を浴び続けたことへの嫌悪感、失望が感じられます。

## 『接続された女』

「えっ？　女だったの？　ウソでしょー、しかも六〇過ぎたおばさんかよー」と、あぜんとするSFマニアたち、九年間もだまされ続けて自信が崩れ去った批評家たち、……と一九七七年のティプトリー・ショックは、はっきりいって局地的もいいところとはいえ、SFファンたちを震撼させた出来事でした。ファンのほとんどが、息子や孫といってさえいいような世代……こういうスーパー・ハードボイルドおばあちゃんが出てきたりするのも、さすがはアメリカだけのことはあります。当時おねえさん（?）であった自分としては、ちょっぴり愉快……だったかも。

そうなってくると、また結局は女性だということが先立って、いきなり「中年女（つまりおばさんと言いたい）、じゃないバアさんの押し付けがましさが目立つ」などと言い出すファンたちの手のひら返し、過剰反応を見ていると楽しい……といって、男が書いていようと不良少年だろうとおばばだろうと、ゴジラが書いていようと、面白ければ構わないじゃん、という、至極まっとうなファンの方が主流であるところが、そこはさすがに百戦錬磨（って、どんな戦いだったものか？）のSFマニアではありました。拍手を送ります。

## 『七つのゴシック物語』

アイザック・ディネーセン（一八八五―一九六二）は、デンマークにおいては二〇世紀に最も世界中に知られた作家だと言います。『アフリカの日々』『七つのゴシック物語』など、アフリカのケニアでコーヒー農園を経営し、一七年間生活した体験をもとにした長篇のエッセイや、民話などに基づいた、のちのマジック・リアリズムを彷彿とさせる幻想と民間伝承や信仰、歴史の伝統を感じさせる物語集で知られていますね。

ストーリーテリングの流れるような、それでいて明晰、透明な文体は独特で、どちらかといえば朗読でずっと聞いていたい、と感じさせる文章です。

名前からは男性と思ってしまいますが、実はディネーセンは女性で、カレン・ブリクセンが本名。デンマークのブリクセン男爵と結婚したため男爵夫人です。ブリクセン男爵とは三四歳の時、結婚八年ほどで離婚していますが、その後もカレン・ブリクセンの名前を通していました。

一九一四年、二二歳で英領東アフリカに夫妻で移住、ケニアのコーヒー農園を経営し、二一年に男爵と離婚後も一人で経営を続けましたが、三一年にデンマークに帰国しました。それまでの体験や見聞に基づいた作品集『七つのゴシック物語』がアメリカで出版されるのは一九三四年、ディネーセンが四九歳の時ということになります。

女性の作家が男性名をペンネームとするのは、一九世紀の英国やフランスでは珍しいことではありませんでした。フランスのジョルジュ・サンド、イギリスのジョージ・エリオットなどは代表的ですが、あのブロンテ姉妹も、最初は男性名をペンネームにしていました。当時は今からは考えられないほど女性に対する偏見が強かったので、女性名では出版者に信用されず、また社会的にもさまざまな軋轢が生じることが常だったので、それを避けるという現実的な選択であったのが第一だったでしょう。

『ジェーン・エア』が、ヨークシャーの貧しい牧師館の独身四人姉妹の長女・シャーロット・ブロンテの作であることが分かった時には、ロンドンではスキャンダルとして受け取られ、「これを女性が書いたとしたら、けしからんことだ」と言われたそうです。

ジョージ・エリオットは、厳格なヴィクトリア朝の結婚の慣習に合わない男性とのパートナーシップを築き、社会との葛藤は相当なものでした。たとえば同性愛者のオスカー・ワイルドがそのために投獄されたり、破滅させられたり、文豪D・H・ロレンスでさえ、自身の同性愛傾向を描いた『モーリス』を、ようやく晩年になって出版できた、という事実だけでもそのあたりのことは推して知るべし、ですね。

アイザック・ディネーセンの場合は、そういった一九世紀からの伝統あるいは流行らしきものを踏襲した、ということも多少はあるでしょうが、それは現実的必要性というよりも、むしろ古典への傾倒や敬意の意味合いが強かったような気が私はします。

## 『アフリカの日々』

ディネーセンあるいはカレン・ブリクセンは、狩猟好きで外出がちなブリクセン男爵との離婚、当時のケニアの英国植民地の男性社会など、男性との葛藤が多かったために男性が嫌いになり、それでそんなペンネームをつけたのだ、などという解釈は俗には（ワイドショー的には）分かりやすいのでしょうが、それは少々一面的な見方ではないかと思います。

カレンはむしろ、自分自身が内面的には男性的であることを自覚していた女性なのではないでしょうか。相性のよくない夫との不幸な結婚生活、などと決めつけるには、彼女のアフリカのコーヒー農園主としての生活の描写は生き生きしすぎています。ケニアの広々とした風景、草原のはるかな風、野生動物たちの生態、誇り高い狩猟民族マサイ族の神秘的で近寄りがたい高貴さ、などなど、眼前に立ち上がってくるイメージの豊穣な生命力に、私などは圧倒されてしまいます。

カレンは牡羊座生まれの女性らしく、自分自身が少年のような冒険心や活力を持った、男性的なタイプの人だったのではないかと感じます。彼女が好んだ男性は、夫のブリクセン男爵といい、親友あるいは恋人とされるデニス・フィンチ・ハットンといい、狩猟や冒険に生涯取り憑かれ、ひとところに留まらない、やはり少年のような心を持つ男性ばかりでした。それはたぶん、同類としての理解がお互いに生じて、最高の親友となり得たからではないかと思うのです。

ブリクセン男爵が狩猟や軍隊の仕事のためにほとんど彼女の農園に寄り付かなくても、彼女はそうした生まれつきの放浪者であるような男性との関係を深く理解して、自分に任された農園の経営や異国生活を楽しんでいた、という方がむしろ本人の実感に近かったと思いますがどうでしょうか。

なぜなら、彼女の生涯の恋人とされる親友デニス・フィンチ・ハットンも、その意味では同じタイプの男性だったからです。デニスは生涯をアフリカ大陸での冒険に費やし、当時の最速の乗り物であった、まだ草創期の飛行機を操縦して、ケニアの草原やキリマンジャロをはるかに見渡していたのです。

彼は冒険や飛行の旅の合間に彼女の農園を訪れ、「新しい物語を聞かせてくれよ」と、カレンにフィクションの催促をしたと言います。彼女はデニスに聞かせるための物語を、次に彼が立ち寄る時までに考えておくことを習慣にしていたのでした。

重力に逆らって空を飛び、羽のあるものだけに許された神の視点でケニアの大草原と切り立つ山々を見ながら、人間の限界ともいえるスピードに挑戦していたデニスは、やがて愛機の事故でさらに遠くの場所に行ってしまいます。

このデニスとディネーセンとの関わりを軸にして描かれたシドニー・ポラック監督の映画『Out of Africa』では、デニスの事故死を知らせに来るのが別居してナイロビに住んでいるブリクセン男爵である、という設定になっていました。妻の恋人である、本来ならばライバルと見なすべき男性の死を、妻への思いやりに満ちた礼儀正しさで知らせる男爵の姿は、ある意味同類でもあるかもしれない冒険家としてのデニスへの友情と敬意さえ感じさせて、秀逸な場面だったと思います。

カレンが二人と別れたのち、男性名をペンネームとして名乗ったのは、もしかしたら、自覚的な性別がそちらの方に近い、という自然さの他に、彼ら最大の親友たちの魂を引き継ぎたい、という意味合いもあったのではないか、などと思っているのですが、根拠は全くありませんので、たぶんこんなこと言うのは私だけだろうと思います……。

# アルチュール・ランボオを追って

## 『地獄の季節』

詩人、と言ったとき、誰もが思い浮かべるのは誰でしょうか。日本人ならたとえば中原中也、そしてたぶんアルチュール・ランボオ。

一般的な詩人のイメージがランボオのような人、ということになっていたのが私の一〇代の頃だったのですが、つまりは破滅的傾向のある少年、でしょうか。……それは、中原中也のあの有名な帽子をかぶった写真とか、少年ランボオのいささか狂気をはらんだような、いかにも天才らしい風貌、詩の言葉の圧倒的な豊穣さ難解さからも、子供心には納得しやすいものでした。

実際に、小説など散文の作家は年齢を重ねた人が多いけれども、詩についてだけは、若い人がけっこういるものだ、と、後になって専門家の人たちから聞きました。それは、小説や評論だと人生経験や勉強して得る知識が重なってからでないとリアリティのある作品は書きにくいけれども、詩は感覚の鋭敏さ、世界との感応力、のような、一般にむしろ若者の方がすぐれている資質によって書かれる場合もあるからで、必ずしも広範な知識や豊かな人生経験といったものが必要ではないからだ、との話。

もう一つ知った現実は、詩人というのは生業としてはほとんど存在しないということです。詩を書くだけで生活できている詩人は、たぶん日本では谷川俊太郎ぐらいなものだろう、従って、著名な詩人でもほぼ全員が別に生活のための仕事を持っているのだと聞きました。詩集はまず売れるものではないので、ほとんど自費出版で自分で各界知人友人に郵送したり配ったりするのが現実。普段は民芸品店の主人だったり、企業のサラリーマンだったり、酒場の主人だったりして、実は詩人は文芸関係者の中では最も常識人でちゃんとした市民であることがほとんどだということでした。

だとすると、プロの詩人、というのは、言葉の厳密な意味では、日本に今までも今もほんの少数しか存在していなかった、ということになりそうです。しかも、詩人として認められた人たちは、実際は社会的には別の職業で、むしろ小説家などよりもずっと真面目な市民であることが多い。ランボオのイメージのような破滅的な「堅気でない」狂人のようなキャラクターではまずあり得ないのでした。

そういういささかつまらない（？）現実を知った後でランボオを見直してみたら、ランボオ自身、実はアフリカを放浪した貿易商人であって、ヴェルレーヌとの同性愛の愛人関係が破綻した後には詩を捨ててしまい、「成人した」二〇歳以降、三六歳で亡くなるまでのランボオは自分を詩人とは思っていなかった、ということが分かりました。彼がエチオピアやソマリア、スーダンの灼熱の太陽の下、荒野や砂漠をさまよって象牙や皮革、奴隷まで商っていた頃、母国では彼の一〇代の時に書いた『地獄の季節』が徐々に評判になり、彼の名は詩人として知られるようになっていたことにも、彼は無関心であったようです。

## 『イリュミナシオン』

ランボオを描いた映画を二本見たことがありますが、一つは『ランボー　地獄の季節』（一九七一）で、テレンス・スタンプが主演でした。もう一本は九〇年代に入ってからのもので、レオナルド・ディカプリオ主演の『太陽と月に背いて』（一九九五）。

テレンス・スタンプは主に成人してからのランボオ、アフリカでの放浪の場面が特に印象に残っています。砂漠で病み、現地人の輿に乗ってフランスへ向かうランボオ。荒れた岩砂漠を容赦なく照りつける熱帯の太陽は、あくまでもよそよそしく厳しく、カミュの『異邦人』で描かれていた異国の居心地悪さ、乾いた熱狂を思い出させるものでした。

今では詩人の代表のように思われるランボオも、現実には一〇代の時に書いた『地獄の季節』『イリュミナシオン』あたりが作品の全てで、その後の大人としての人生はアフリカやアラビアを巡る一介の貿易商人、それも、それなりに実務能力のある商人であったようです。アフリカから彼が母親や妹、友人らに宛てたいわゆる「アフリカ書簡」が残されていますが、こちらはビジネスライク、散文的で、彼の詩とは全く印象の異なるものです。

詩人を詩人たらしめるものは何か、といえば、実をいえば詩人自身よりも読者である、ということが分かります。彼は一〇代の頃にただ書きたかった詩を書き、それがヴェルレーヌら既に著名な詩人たちに認められたのだけれども、それで生活をたてるなどということは一度もせずに、成人し詩作をやめアフリカに旅立った。当時珍しくなかったであろうフランス人の普通の貿易商の一人として自他ともに認識し、少々荒っぽくもある移動の生活を一〇年以上続けた彼は、詩人であるよりむしろ、父親である軍人フレデリックに近い偉丈夫で、現地のフランス人たちからは胡散臭い山師的人物と見られていたようです。

詩人であるアルチュール・ランボオとは、パリに残った知人たちや、彼の詩作品を読んだ読者たちが作り上げた伝説の人物でした。彼自身はむしろそのことは忘れたかったように見えます。アフリカを歩き回って貿易商として生業をたてることに専心していた彼の成人後の人生を、天才詩人の余生として見たり描いてしまうのが後世の私たちなのですが、もしかしたら彼自身にとっては、一〇代の詩作のことは大して意味をなさず、貿易商としての仕事とアフリカの大地こそが人生そのものだったのではないかと、それが本人の実感だったような気もするのです。彼が現実の人生において職業的に「詩人」であったことは一度もなかったのですから。

少年天才詩人ランボオとは、あくまでも「読者側にとっての」リアリティのある人物像なのだと思います。詩人には自ら望んでなるというよりも、いつの間にかならされてしまっている、というのが近いのかもしれないと、彼の場合を見ているとつくづく感じるのです。

## 『太陽と月に背いて』

レオナルド・ディカプリオがランボオ役を演じた『太陽と月に背いて』は、アニエスカ・ホランド監督が、一〇代の少年詩人としてのランボオと著名な詩人ヴェルレーヌとの同性愛関係に集中して描いた映画作品。こちらは普遍的な恋愛のストーリーとしても見ることの可能な、感情移入しやすいキャラクター設定になっていました。

既に名声を得て当時としては中年の域に達し、結婚して家庭を持った二七歳のヴェルレーヌが、一六歳の少年ランボオに出会ったとき、まだ新婚といっていい妻のことも、子供のことも忘れてしまい、ひたすら彼の底知れぬ才能に魅入られてしまう。気まぐれで粗暴で、しかし気位高く傷付きやすい天才ランボオは、彼にとって御しがたい野生動物のようで、愛した弱味から、常時彼のご機嫌を伺う奴隷のようになってしまいます。なにもここまで、と思うほどの女々しさを見せる紳士ヴェルレーヌの純情は美しく見える域を超してしまっているのですが、そんな彼の心情も、ランボオの放っていたと思われる強烈な魅力についても、納得できるものがありました。

ランボオは繊細で内気な少年詩人、という少年の頃の見かけのイメージとは全然違い、むしろ骨太な生まれつきの放浪者であり、彼の家族の男性は父をはじめ皆外国を点々とする軍人であり家に留まらない者ばかりでした。そういう野生の血、放浪者の血が彼を内面からつき動かし、彼を愛し近くに留めようとする者たちから常に逃れようとする力が働く。そしてそのことが余計に人を惹き付けてしまう、という矛盾した状況に、はまり込んでしまったのがポール・ヴェルレーヌだったのかもしれません。ランボオは優雅な美少年であったからヴェルレーヌがのめり込んだわけではなく、むしろジャングルの猛獣のような男っぽさがランボオの本質で、ヴェルレーヌがますます女々しくなってしまうのは当然の成りゆきだったでしょう。

ヴェルレーヌはランボオと共に家を出てベルギーやロンドン、ヨーロッパ中を放浪することになります。妻やランボオの母親ら、家族との葛藤を経て、自分から離れようとするランボオをついに銃撃したヴェルレーヌは、逮捕され収監されることになり、これが彼らの最後の別れとなりました。

## 「アフリカ書簡」

ヴェルレーヌと別れた一九歳のランボオはその後すぐに『地獄の季節』を書きあげ、それから詩作をやめてしまいます。軍隊に入ったり外国に行ったりして、やがてアフリカで貿易の仕事を始めたランボオは、商人としての生活とアフリカ・アラビアの乾いた大地に魅入られたように、ランボオ家の男性らしい放浪の人生を歩むことになるのです。

これだけ詩人らしい詩人として有名なアルチュール・ランボオが、現実には詩というものに自分の人生の中でそれほど重きを置いていなかったらしいことに気付いたのは驚きでした。彼は詩人であるよりもまず、一九世紀のヨーロッパ人によくいた放浪者・開拓者のタイプであり、詩作は彼の人生にとっては一〇代の通過点に過ぎなかったのかもしれません。彼がいなくなったパリでだんだんとランボオの名が広まっていたことは、彼自身には無関係なことで、それよりも何よりもアフリカの太陽こそが彼を惹き付けてやまなかったのではないでしょうか。

彼が三〇代半ばにして行路病者のように砂漠で病み倒れたとしても、それは詩人としての挫折や余生の不幸などではなく、先覚者としての必然的な結果だっただろうと思います。彼が思い残すことがあったとしたら、詩のことよりもむしろアフリカの象牙や皮革の貿易の仕事についてだったかもしれません。

ランボオの成人してからの人生は、天才詩人の不幸な余生ではなく、一人のアフリカ貿易商人の未完の人生としてとらえるのがむしろ自然ではないでしょうか。少なくとも本人の視点から見ればそうだったかもしれないと思います。詩人アルチュール・ランボオとは、本人がなりたいと思ったものではなく、読者が作品から思い描いた仮想の人物像でした。詩人ランボオを何よりも必要としていたのは彼自身でなく、むしろ私たち読者の方なのです。

もしかしたら、ランボオに惹かれる私たち読者も、ポール・ヴェルレーヌと同様の過ちをおかしているのかもしれません。ランボオは私たちが作った少年天才詩人のイメージから永遠に逃れ続け、一人アフリカの大地をさまよい続けています。詩人ランボオを捕まえることが決してできないことに気付いているからこそ、こんなにも私たちは彼のことが忘れられないのです。

# 火炎樹の下で

愛するイサム。

あなたと最後にお会いしてから、ずいぶん長い月日がたちました。

あなたが故郷の日本に帰ったとエラに聞いたのも、だいぶ以前のことです。ずっとあなたに会っていないのに、この頃になって不思議とあなたのことをよく思い出します。私はここ数年、ほとんどベッドの上で過ごしていて、最近はもう痛み止めの薬もよく効かなくなり、意識が戻ったりすぐまた夢の中にひきこまれたり、という状態がずっと続いています。目が覚める時は必ずひどい痛みが伴うので、やはりちゃんとした思考はできません。ナースに頼んで背中にデメロールを打ってもらい、痛みが和らいで少しずつ眠りにひきこまれていくまでのしばらくの時間が、今のところ毎日の生活の中で唯一の安らぎの時です。その短い時間のうちに、突然意識がくっきりとする時があるのですが、そんな時、なぜかあなたの顔を思い浮かべます。もう二〇年近く前の、あの日々の思い出が、父の写真館に飾られた写真のように、明確な輪郭を持った場面になって、次々と現れては消えてゆくのです。

この間、こんな夢を見ました。サクラの花の夢です。私はサクラの花を見たことがないので、夢の中でそれがサクラだと思っていたのですが、きっと以前あなたから聞いた日本のイメージがどこかに残っていたのでしょう。夜の闇の中で、薄い紅色の小さな花を一杯につけた大きな木が一本立っていて、全体が少しずつ震え、まるで生き物のように呼吸しています。私は根元の草の上に横たわっているのですが、私の胸はザックリと開いていて、左の胸の脈打つ心臓から何本もの血管がのびてゆき、そのサクラの木につながっているのでです。サクラの木と私は血管で結びつけられているので、その小さな無数の花びらの一枚一枚まで、私の身体の一部となり、風のそよぎも、夜の空気の冷やりとした湿気も、その花びらや木の枝を通して感じられてきます。サクラの幹の内部にある樹液のかすかな動きまで、体内の血液の循環のように、私の神経に触れてくるのです。

やがて疾風が吹き、木の枝がざわめき、たちまちのうちに花びらが散り始めます。ついその時まで私の一部だった薄いピンクの花びらが、風にくるくると舞ったかと思うと、動けないでいる私の頰に散りかかってきました。サクラの木を揺らす風の圧力を、血管を通じて全身で感じ、私はいつのまにか木そのものになっていました。闇の中に立ち、風にそよぐサクラの木。根元には、血管でつながった私の身体があり、じっと黒目を見開いてこちらを見上げているのでした。

なぜ実際に見たこともないサクラの夢など見たのでしょうか。目覚めた時、そこはココアカンの青い家のベッドの上で、天井に取り付けた骸骨がいつものように私を見下していました。壁にはたくさんの人形。その中に、日本の少女の姿をした、黒髪の赤い着物の人形もあります。あれはイサムのプレゼントだった、とその時思い出したのですが。

イサム。

あなたは今、日本でどのような毎日を送っているのでしょうか。大戦が終わってからだいぶたちますが、日本はもう復興を遂げましたか。メキシコは今世紀、ずっと動乱の時代が続いているようなものだから、ディエゴと私の生活にもいろいろなことがあり、あっという間に時間が過ぎてしまいました。私はこれまでに三二回も背骨の手術をしたことになるのですが、具合のいい時には合衆国にも行ったし、いろいろと無茶なこともしました。

三〇年前、一七歳の時にバス事故で重傷を負い、ようやく命をとりとめたあの日から、私の人生はゆるやかな衰滅との闘いそのものでした。私はメキシコ人らしく、死と親しく付き合い、死神と戯れ、絶えることのない身体の痛みと闘ってきたのです。車椅子から立ち上がり、軽やかにステップを踏み、思う存分動き回ることができたら、と何度思ったことでしょう。私はダンスが好きだし、人一倍動き回ることが好きなのに、今までの人生の多くの時間をベッドや車椅子の上で過ごさねばならなかったのは皮肉なことです。私は運命なんて信じていませんが、私の場合には、この脆弱な肉体というものが、人生の試練として与えられていたのかも知れません。

この青い家は、あの頃のままです。父は亡くなりましたが、妹のクリスティナは元気です。もう一度あなたにお会いできたら、と思います。イサム、それができさえすれば……。どうかくれぐれもお元気でお過ごしください。

いつもあなたのことを思っています。

フリーダ

フリーダ。

僕はずっと今まで、君のことを忘れたことはありませんでした、と言ったら、信じてくれるでしょうか。僕は今まで実に多くの、いろいろな国の女性に会いましたが、君とともに過ごしたあの短い日々は、今となっては取り戻すすべのない、痛みを伴う特別な思い出となっています。

実際、僕はあの時、君の夫のディエゴに殺されるところでした。後で君もディエゴも僕も笑いころげたけれども、ディエゴがあの巨体で銃を振り回して追いかけてきた時には、僕は笑うどころではありませんでした。僕は画家としてのディエゴ・リベラを心から尊敬していたし、大切な友人だと思っていましたから。

君に初めて会った時のことも、はっきりと覚えています。あれは一九三五年の夏で、メキシコシティのディエゴの工房に僕が訪ねていった時のことでした。ディエゴ・リベラの壁画をニューヨークで初めて見て感動させられ、制作の仲間に加えてもらったら、と思ったのはそれより一年以上前でしたが、リベラの年若く美しい妻のことは、噂で聞いて知っていました。ディエゴの妻が彼より二一歳も年下で、いつもメキシコの民族衣装を着ていて、まるで人形のように見える小柄な女であること、その外見に似ず、精神力の強い、毒舌でユーモア好きな性格であること、病弱だが、自分でも絵を描いている、ということなどを。

僕があの年、メキシコ政府の壁画制作の話だけを頼りに、ふらりと初めてメキシコへ旅に出かけたのは、ディエゴ・リベラに対する敬愛や、メキシコへの興味だけでなく、話に聞いていたディエゴの妻へのほのかな憧れもどこかにあったからかもしれません。そう、僕は女性が好きだし、僕の今までの人生は多くの女性抜きでは考えられませんでした。そのことは認めましょう。けれども、コヨアカンのあの青い家の庭で、名も知らぬ原色の熱帯植物に囲まれて立っているデワナ衣装の君を見た時は……やはりあれは僕の人生の中で特別な瞬間だったと思うのです。

君はいわゆる典型的な美人ではないけれども、何か凛としたおもむきがありました。小柄で細く、神経質そうな感じがしましたが、弱々しくはなく、むしろ中性的で少年のような雰囲気でした。右と左の眉毛がくっきりと額のまん中でつながっていて、鋭く冴えざえとした黒い瞳がまっすぐ僕を見つめていました。深紅の竜舌蘭と濃厚な緑に包まれて、白い民族衣装とマヤの石のネックレスをつけ、髪に生きた花を飾った君は、マヤの女祭司のようでした。まわりの植物と一体化して、燃え上がる炎と見まがうばかりでした。

僕はその瞬間に、恋におちたのです。

ひとたび口を開けば快活で、辛辣な言葉が次々飛び出してくるのに、黙っている時の君は、やはり初めの印象のとおり、むしろメキシコの大地とマヤの歴史にそのままつながるインディオの血を感じさせました。うっそうとしたユカタン半島のジャングルに住む猫科の猛獣のような激しい非合理が、繊細なヨーロッパ風の理性と雑然と同居していて、時によりどちらかの要素が強く表れる。そんな君の豊かな表情の変化が、やはり混血の僕にはとても魅力的だったし、また理解しやすいものでした。君は、僕が漠然と思い描いていた「メキシコ」そのものだったのかもしれません。

僕はあの時、燃え上がる炎に焼き焦がされてしまったのです。

その後のことは……君とともに過ごした時間を、僕ははっきりと思い出すことができます。あの短い日々は、僕が本当に「生きた」といってよい時間でした。

日本に帰ってから、僕は父の国の芸術に惹かれ、オオタという陶芸家と親しく付き合っています。メキシコのことは、折にふれ思い出しています。君のことも……また君に会える日があるでしょうか。

遠く海を隔てて、君のことを思っています。

幸せを祈っています。愛しいフリーダ。

どうかお元気で。

イサム

イサム。

海の向こうにある日本のことを考えるとき、いつもあなたの思い出につながっていきます。日本に行ったことのない私にとっては、あなただけが日本をイメージする時の入り口になりますから。

私はハンガリー系ユダヤ人の父と、インディオとスペインの混血の母との間に生まれたので、ヨーロッパの伝統とも、インディオの伝統とも血でつながっています。あなたもアメリカ人の母親と日本人の父親との間に生まれた人だから、よく似たところがあるのかもしれない。全く別の国に生まれ育った私たちが、会ってすぐにお互いを理解できたのは、そのせいもあるかもしれませんね。

あの日々、私たちは狂おしいまでにお互いを求めていました。本当にどうかしていたのです。私たちはまだ若かったですものね。

あなたの身体の感触も、息遣いも、こんなに生き生きと思い出すことができるのは不思議です。今の私はほとんどベッドから動けないのに……。ナースのエスメラルダは今の私の恋人です。彼女はほんとうに献身的に私の看病をしてくれます。時には私の身体を抱いて、優しく痛みを和らげようとしてくれます。デメロールを打つ時、私の背中はもう注射の痕だらけで、柔らかな皮膚がほとんどないと言って、彼女は涙を流すのです。

私にとって、痛みはすでに親しいものです。この三〇年というもの、痛みとずっと付き合ってきていますから。死と戦いながら、死は敵ではなく、親しい友人のようでもありました。痛みがあるのは、私が生きているからに他ならないのです。痛みとともに、私は生命を感じることができます。

今日の夢の話をしましょう。

私はマヤの太陽の神殿の頂上に寝かされていました。

空には太陽が輝き、抜けるような青空です。そう、そこは供犠の神殿でした。

白く長い服を着た神官が、石の刃をふりかざし、私の胸を刺しました。激しい痛みとともに、おびただしい血が流れ、まだ脈打っている私の心臓が取り出されます。神官はその心臓を頭上にかかげ、太陽の光に当てるのです。

血のしたたる、脈打つ心臓。……それを私は下から見ています。まぶしい陽光に照らされて。

目覚めた時、いつものように背骨が痛んでいました。エスメラルダが私の顔を覗き込んでいました。私は彼女に笑いかけました。私のところに死神が近付いて来ているのです。親しい友人のような死神は、すべてを柔らかな手で奪うでしょう。あなたの思い出も、この肉体の苦しみも。

こんなにも死の隣でずっと生きてきたために、私は生命をかえって深く愛することができるようになりました。

いつかあなたと、熱帯の燃えたつ火炎樹の下でお会いしましょう。

フリーダ

妻マグダレーナ・カルメン・フリーダ・カーロ・イ・カルデロンは、
一九五四年七月一三日永眠いたしました。
生前のご厚情を心より感謝いたします。

ディエゴ・リベラ

# YOKOHAMA＝BLUE

## （1）

昨日、妹と横浜大さん橋にオープンしたばかりの大さん橋ホール（注、二〇〇二年一一月三〇日開業）のこけら落とし公演である「大桟橋薪能」に行ってきました。

大さん橋に作られたホールは他に見られないような斬新なデザインで、照明を落とし薪の火のあかりだけで演じられた演目は『土蜘蛛』。

ほとんどが招待客で、初めて能を見る人であるという観客層の傾向に合わせたということで、この演目は能としては珍しいアクション系（?）。ちょっと見歌舞伎みたいな動きの激しい戦闘場面が見せ場としてあり、初心者にも分かりやすいものです。

源頼光に討伐された鬼・土蜘蛛（歴史的には先住民の反乱を反映しているとされますが）の霊が、封じこめられた塚から出現し、討伐隊と激しい闘いを演じます。ミニマルな表現が身上（？）の能ですので、土蜘蛛は一人だけだし、討伐隊といっても三人だけなのですが……。

赤い髪の毛、怪異な面をつけたシテ――土蜘蛛は、何度となく蜘蛛の白い糸を討伐隊に投げ付けて、そのたびに白糸の網が舞台に広がり視覚的インパクトが強烈。ゆらめく薪の火に照らされて、闇の中で演じられるこの戦闘場面は、夢幻というにはあまりに激しい……。

観劇のあと、妹と二人で横浜の夜景を見ながら桜木町までぶらぶらと歩きました。大さん橋の位置からは、ちょうど左に氷川丸や山下公園、元町あたりを見て、右にみなとみらい地区、正面に横浜市街地を見るという、横浜港周辺の眺望が最高です。

氷川丸や停泊する船もライトアップされ、クリスマスのイルミネーションが周り中を照らし、更にそれが港の水面にうつる、という、光の重なりあう夜景は、それこそ夢の中のよう。

横浜港の再開発計画は、バブルの頃から始まっているので、たぶん、途中でだいぶ計画がめちゃくちゃになったり、当初の予定より遅れてしまったと思う、と、妹の説明。

山下公園のあたりから大さん橋、ベイブリッジ、と、目線を右から左へ今度は移して行くと、みなとみらい地区のコスモクロック21や高層ビル群のちょうど真ん中に赤レンガの倉庫だった建物が改装されて、懐かしい姿を見せていました。新しい近未来的（?）建築に囲まれて、中心にあの古くからの横浜風景に欠かせなかった、暖かみのある赤レンガが残っていると、ほっと心がなごむ感じがします。これは地元の者だけの感慨でしょうか?

「ああ、あの赤レンガ、あれがあってやっと、らしくなってきたっていうのか……。横浜らしさが風景に出てきたよね」

「うん、あれが中心にあって落ち着くという感じ」

「最初は赤レンガの倉庫は老朽化が激しくて取り壊される予定だったのが、残そうという声が大きくて、いろいろ中を補強したり改装したりして残したんだって」

「古いものを全部壊すんじゃなくて、生かしながら新しい景観を作っていくなんて、ヨーロッパ的発想みたいでいいかも」

「そうそう、地元の者にとっては、やっぱりあれがないと画竜点睛を欠く……」

こんなわけの分からない勝手な会話をしながら、久しぶりに妹と二人で歩いた横浜港、十一月の終わりにしては風も冷たくなくて、爽やかな夕べでした。

マッチ擦るつかのま海に霧ふかし（寺山修司　上の句のみ）

## （2）

桜木町駅を降りて、ＭＭ地区に向かって歩いて行くと、横浜美術館に行く途中に横浜土産のお店があります。中華街の特産品や、レトロなデザインのチョコレート、赤い靴の形をしたチョコレートなどに混じって、「横浜の空」をイメージしたポストカードが見つかります。

これはポストカードの一面が青一色、という、ありそうでなかなかないシンプルなデザインのもので、ブルーのグラデーションで五、六色ほどがセットになっています。

スカイ・ブルー、セルリアン・ブルー、ムーンライト・ブルーといった薄めのブルー、ライト・ブルーから、薄紫に近いサルビア・ブルー、冴え冴えとしたコバルト・ブルー、濃いめの青であるミッドナイト・ブルー、藍色、プルシアン・ブルー、グリーンに近いマーメイド・ブルーまで、全部を扇状に並べて見ると、グラデーションが美しい……。

さて、横浜という街のイメージを色で表したらなんだろう、と考えた時、やはりブルーではないか、と思うのですが、それはやはり、海のイメージから来ているようです。海、マリーン、広がる青……。青というと、若々しく爽やかな感じがしますが、一方で、少しメランコリーを含んだ色でもある……。

ずっと昔に「ブルーライト・ヨコハマ」という歌がヒットしていましたが、このブルーは街の灯りの色で、やはり青と言わずブルーと言わないと、横浜のイメージには合わない感じもしますね。

今までの流行歌の歌詞を検索して、横浜を歌った歌を調べてみると、横浜の街は、たそがれ・夜を舞台にしたものが圧倒的に多く、地名では伊勢佐木、元町、本牧通りの順。天気は雨、というのが多いのは、これは演歌系の歌詞のお約束でしょうか。横浜がブルースや演歌系と結びつく場合、別れや遠距離の恋を歌っている傾向が一般的ですが、これは港が遠い異国への出入り口であるためなのかも。

青、ブルー、という語句を探すと、やはり灯りの色に使われている例が見つかりました。「青いガス灯」(『横浜　恋あかり』作詞　寺沢三千男)、色の名前そのものが出てくるのは、ざっと見たところ、検索して横浜を歌った歌としてヒットした一六曲のうち、青だけだったようです。

夜の横浜の街に雨が降り、霧笛が鳴って、別れ別れの恋人同士、青いガス灯が淡く照らしている、という風景を、今までのヒット曲の歌詞では、総じてイメージする傾向があるようです。

そんな余計なことを調べて考えたりして、あの横浜の空の青いポストカードが他ならぬブルーのシリーズである必然性に、妙に納得したものでありました。

（3）

ちょっと興味があったので、流行歌の歌詞を調べることで、都市のイメージ（特に色彩イメージ）を探ってみました。

まず、歌に歌われている都市のランキングですが、歌詞検索サイト「うたまっぷ」により、政令指定都市および県庁所在地を検索してみた結果、東京の九〇曲というのは除外して、

一位　大阪　五三
二位　横浜　一六
三位　札幌　一一
四位　京都　一〇
五位　長崎　八
六位　神戸　七
七位　福岡、金沢　三

九位　名古屋　二
一〇位　広島　一
となりました。都市名の入る歌は、ほとんどが演歌・ポップスですが、その都市をフランチャイズとするプロ野球球団の応援歌や、民謡もあります。
他に、県庁所在地ではない都市でも、たとえば函館、小樽といった港町や古都は歌の舞台・題材になることがあるようです。
都市名が題名に入っている歌の場合、その都市の観光地として有名な地名が盛り込まれている場合が多く見られます。たとえば、札幌ならばススキノ、金沢ならば香林坊、犀川、長崎ならば出島、平戸など。
これらの歌に出てくる色名に関していえば、データが少ないのですが、白、青またはブルー&水色、赤&紅、緑、の順で、少数派（?）としては橙、銀色というのもありました。色名が多く出てきたのは長崎、京都です。北の札幌は白、仙台は白と緑が歌詞に含まれていました。
ジャンル別では圧倒的に演歌が多いため、歌詞は失恋を歌ったものが主流で、都市の夜景や雨の日が歌われています。日本国内の地名にこだわる（?）傾向があるのが演歌、ということと、演歌がローカルを主なターゲットとしていることは重なるのでしょう。

## （4）

横浜とブルー、青のイメージとの関連性につきまして、また別の角度から調べてみました。

日本列島は南北に長く、日本海側と太平洋側で気候が違っているため、たとえば年間日照時間や湿度の違い、緯度による自然光の違いというものがあり、地域によって綺麗に見える色というのが全く変わってくるのだそうです。

地方による色の好みの違いとは、実は、そういった地理や気候条件から来ている、ということを、数値データをもとに解説してくれている本があり、目からうろこでした（佐藤邦夫著『日本列島・好まれる色　嫌われる色　カラー・ダイアレクトとテースト・バラエティ』青娥書房）。

こちらによると、横浜（北緯三五度台）を含む関東エリア（関東地方七都県に山梨、静岡、長野南部を含んだエリア）においては、北緯三七度～北緯三四度三〇分にわたり、年間平均の色温度は、五三〇〇度K、「黄緑方遷移光」および「緑方遷移光」に平均的に照射されており、このエリアに住む人々の視覚に、「青方色順応」を生じさせる要因になっています。

この光線条件で綺麗に見える色として、「紺」「ネイビーブルー、サックスブルー」、および草葉の色である照り輝くグリーン、アイボリー（生成）、あたりが関東人の嗜好にかなうのだということ。エリア的に好まれやすい基調色の範囲は、「緑から青緑を経て、青に至る寒色系色相・高明度＆低彩度トーン系と低明度＆高彩度トーン系」（涼しい・淡い・濃い）となります。

私自身の経験ですが、太陽光線の強さの全く違う、ハワイや沖縄に行った時、東京で綺麗に見えた渋みのかかった色がすっかり褪せて見え、逆に、熱帯で美しく輝いて見えた花を東京に持ち込んだとたん、いきなり変な色のグロテスクな花になってしまったことを覚えています。ですから、熱帯に旅行する時には現地で服を買うか、または、東京あたりでは派手すぎると思われる暖色原色系の大きな柄の服を持って行った方がいい、と思いました。

太平洋側の海が青く鮮やかに見えるのに対して、日本海がグレーを帯びたイメージなのは、決して偏見でも何でもなく、現実に、光線条件が違うのでグレーがかって見えているのだ、ということが、この本を読んで分かりました。

横浜のイメージが青系というのも、港・海といった連想からだけでなく、現実に、青系が一番美しく見えるエリアであるから、とも言えるのではないでしょうか。

# 「中陰《バルド》」の思想と半生者について

## 生と死の間

私の母が二〇年前に五五歳で急逝した折、「死」ということについて気付かされたことがある。

まず、生と死の境界が、それまで私が考えていたように明確なものではなく、実はかなり曖昧なものであるということだ。

母は、一九八一年四月六日の夕方、突然のクモ膜下出血で倒れ、すぐに病院に運ばれた。その後しばらくは意識もあったらしいのだが、数時間後に第二の大出血が起こり、そのまま昏睡状態に陥って、遂に目覚めることのないまま一〇日後に死亡した。

ただ、この「死亡」を宣告されたのは、いわゆる「心臓死」の瞬間である。家族や兄弟が周囲に集まり見守る中で、それまでずっと規則正しいパルスを刻んでいた心電図が、ある瞬間を境にツーッと直線に変わった時、担当医師は「ご臨終です」と重々しく宣言した。

しかし実のところ、私たちはすでにその五、六日前ぐらいから母の実質的な「死」を感じていたのだ。

昏睡に陥って三日目ぐらいから、母はもういわゆる「脳死」の状態だった。半眼を見開いた瞳孔は開いたまま動かず、まるでガラス玉をはめ込んだようで、近寄ると強烈な屍臭を感じた。確かに心臓は動いていたし身体も温かかったが、それでももうそれは母ではない別の何か、魂の抜け落ちてしまった「もの」という感じがした。つまり、母はその時点ですでに「死体」になっていたのだ。

その時私は妹と、医学上・科学上の生と死の区別が実はかなり便宜的なものであるらしい、と話し合った。生命というものの不思議を、私たちはその時はっきりと知らされたのである。

葬式の日に、菩提寺の浄土真宗のお坊さんが「四九日」について講話した内容が非常によく印象に残った。人間が死んで仏になる、成仏してゆくまでの間に、しばらく魂がこの世に残ってさまよっている、というような話だ。人間のこの世に対する執着のようなものが四九日間のうちに段階を踏んで少しずつ薄れてゆき、あの世のものへと変化してゆく。四九日とはそういう「間」の時間のことだ、と住職はおっしゃっていたように思う。

生と死の間の時間、ということで思い出すのは、母が入院してから死体となって戻って来るまでの一〇日間に起きた、いくつかの不思議な出来事のことだ。

まず、母が入院したその日の晩、家族の他の者が全員病院に駆け付けて、私が留守番をしていた時である。その日はとりあえずいつもどおり、二階の私の六畳間で家庭教師の仕事をしていたのだが、中学二年生の女の子と二人で英語の勉強をしていた最中に、夜七時半ぐらいだっただろうか、階下の玄関の扉がバタンと開いて閉まる音がした。それがあまりにも大きくはっきりした音だったので、家族のうちの誰かが病院から戻ってきたのだろうと思い、何とはなしに無気味な感じはしたものの、敢えてそのまま勉強を続けた。ところがその時、生徒の女の子が、

「先生、玄関に誰か来ましたよ」

と言うのである。

「見に行ったほうがいいんじゃないですか」

つまり、さっきの音を彼女もはっきりと聞いたということになる。私はそこで立ち上がり、階段を降りて玄関のところまで行った。ところが妙なことに、鍵はかかったままで扉は

動いたようすがなく、靴の並び方も全く変わっていない。そしてもちろん、家の中には他に誰もいなかった。

「誰も来なかったみたい」

私は笑いでごまかしながら二階に戻ったが、生徒の女の子も何だか妙な顔をしていた。

「変ですねえ。誰か絶対来たと思ったのに」

「確かに音がしたよね」

「なんだか気持ちわるいなあ」

その子も感覚がどこか鋭いところのある子だったが、彼女には何も事情を話していない。私はなんともいえず嫌な気持ちになったが、そのまま笑って済ませて勉強を続けたのだった。

後になって、偶然の一致かもしれないが、その七時半頃というのが、第二の大出血があり母が全くの昏睡状態に陥った時間とほとんど同じだったことが分かった。こういう後からの因縁話はいかにもありふれたことかもしれないが、自分ではっきりとあの音を聞き、何も事情を知らないもう一人も聞いた、という事実を考えると、

「その時にお母さんの魂が家に戻って来たんだ」

という叔母の話も、リアリティを持って聞こえてくるような気がする。

実際、その日以降、私たちや、泊まり込んでいた母の実妹にあたる叔母たちは、常に、

「家の中に誰かもう一人いるみたい」

という感じから逃れられなくなった。夜中に階段を昇り降りする足音や、人の気配が頻繁に感じられたし、特に台所周辺での物音はその後何ヶ月も続いていた。皆、はっきりとは口に出さなかったが、後で聞くとその時家に滞在していた全員がそういう経験をしていた。その場では「バカバカしい」と言っていた弟でさえ、一年以上後になって、

「あの頃、よく夜中の二時か三時頃に、一階の台所で食器を洗っているような音を聞いた」

というようなことを口に出した。

母の死の二、三日前からは、叔母の靴のヒモが、偶然ではまず絶対あり得ないような仕方でプッツリと切れていたり（しかも両方の靴の全く同じ部分が）、弟の部屋のドアが叩かれて開けてみると誰もいなかった、などということがいろいろと起きた。ただもうその時は、

「あれ？」

とは思っても、それが自然のようになってしまって、別段怖いとも思わなくなっていた。

母の臨終の二時間ほど前には、木製の菓子皿が床に落ちて粉々に割れてしまった。もちろん自然に落ちたわけではなく、誰かが手を滑らせたのだが、それにしても、たった五〇センチほどの高さから木の床に落ちた木製の菓子皿があんな割れかたをするというのはいかにも

妙だった。

いわゆる「四九日」の間は、妹や私はずっと母の気配を感じ続けていた。よそから見ればどこかおかしいと思われるかもしれないが、その時には確かに、それが自然な状態だったと思う。その頃泊まりに来てくれた私の友人は、私の部屋の窓を外から叩く音がした、と言っていた。

「あれはきっとお母さんよ」

「どうしてそう思ったんですか？」

妹が聞くと、霊気を感じやすいというその友人は、

「だって他に考えられないから……家に対する執着が大きかったもの」

と答えたという。


ともあれ、母の死の前後に起きたさまざまな出来事を経験してから、私は何というか、いわゆる「魂」というものの存在を信じられるようになった。私は宗教的なことに関心は持っているが、特定の宗教を信仰しているわけではない。科学に対する信頼も知識も、まあ人並み程度にはあると思う。それまで、霊とか魂とか超常現象といったことに関し、「面白いお話」としての興味は持っていたが、必ずしも信じてはいなかった。しかし、あの時のこと

で、やはり人間の生にも死にも、どうしても説明できないことは存在しているのだし、この世にはまだまだ信じられないようなことがいくらでもあるのだ、と考えるようになったのである。それは言ってみれば、私の「世界観を変える」ような出来事であり、経験であったかもしれないと思う。

## 『チベットの死者の書（バルド・トドル）』

「かれの意志に反して人は死ぬ。死ぬことを学ぶことなく。死ぬことを学べ。そして汝は、生きることを学ぶだろう。死ぬことを学ばなかったものは、生きることを何も学ばないだろう……」（「死ぬ技術の書」、『チベットの死者の書』おおえまさのり訳編　講談社）

チベット仏教の教典の一つである『バルド・トドル』、つまり『チベットの死者の書』に出会った時、私はその豊饒なビジョンにひたすら驚き、言い知れぬ興奮を覚えた。七色の光、巨大な仏たちのビジョン、闇を照らす色彩豊かなめくるめく幻覚……それらは夢というにはあまりに強烈だった。

「生は死からやってくる」と、『バルド・トドル』は主張する。魂の体現化である誕生と魂の非体現化である死、これら二つはもともと別のものでなく一つのものであり、死から生へと死者の魂は回生してくる。死に際して、人間は死後四九日間のバルド（中陰）の世界を彷徨い、その間啓発を与える光と、さまざまな幻覚を見て、再誕生または輪廻からの解放を果たすのだ、という。この四九日間、つまりバルドは、そういった中間の状態、期間であるといえるだろう。

人は死の瞬間に最も高い精神的頂点、最も精髄的な智恵（クリヤー・ライト）、完全な解放の状態に到達することができる。その後間もなく、ついには死者を再誕生へと導いてゆく様々な幻覚（ヴィジョン）が始まる。しだいに啓発する光は消えてゆき、幻覚はますます恐怖に満ちて来る。ついにかれは恐怖のあまり再誕生のための子宮の一つに逃げ込み、気絶してしまう。ここに四十九日間のバルド（中陰）の魂の旅は終わり、かれは再びこの世に肉体を受けて誕生して来なければならない。私たちにとってバルドの世界は恐怖と波瀾に満ち、解放か輪廻かをかけた魂の修練場ともいえるものなのである。

（『チベットの死者の書』）

『チベットの死者の書』に描かれた死後四九日間の魂の旅、その中の眩しく輝く光のイメージは、強烈なインパクトを与えつつ、私の意識の奥深くに潜在していた何らかのビジョン、どこか懐かしさのある「記憶」、たぶん原初の記憶を喚びさます。これらのイメージが荒唐無稽な空想であるとか、作りごとであるとは、私には決して思えない。古くから伝えられてきた東洋の智恵、その洞察力には目を見張るばかりである。

ライアル・ワトソンの『ナチュラル・マインド』を読んだ時、生命と非生命との差がほんの僅かなものであり、人間もまた、地球上のあらゆる物質と同じ元素から成り立っている、といった指摘を改めて考えた。最近の分子生物学、物理学、遺伝子工学といった極小（ミクロ）単位で物質・生命を考える科学の発達を見ても、仏教思想がとらえていた世界像の正確さがよく分かる。

死と同様に、「誕生」「発生」もまた、謎に満ちている。一つの細胞が急速に分裂し、成長し、自己複製を繰り返して組織となった結果が一人の人間であるとすれば、生命のおおもとは何なのか。母胎の一部である卵子細胞と、そこに含まれるＤＮＡ——ＤＮＡは少しずつ変化しつつも、どこまでも自己複製を繰り返してゆく。とすれば、ＤＮＡの情報、言い換えればＤＮＡの記憶とは、はるか彼方の過去までさかのぼってゆくことのできるものなのだろうか。

私という一人の人間を形づくる細胞の一つ一つが、何十億年という地球の記憶、または宇宙の記憶を秘めている。——そう考えると、折に触れ、何らかの刺激によってそれらの記憶がビジョンとしてたち現われてきたとしても、別に不思議とはいえないのではないか。

地球上に存在するあらゆる生物、動植物だけでなく、あらゆる物質さえも、思ったよりずっと私たちに近いものではないのか。その差など、ほんの僅かなものであり、基本的に物質も人間も、同じもの（元素）から作られているのであるから。

全天は深みのあるブルーに見えるだろう。……（中略）……それはブルーの光である原初の状態へと帰着してゆく現象の集成である。色はブルーで、輝き、透明で、華々しくて、眩しく、「父母・ヴァイロチャナ」の心からやって来るダルマ・ダーツゥの知恵が前方に放射されて汝を刺し通すだろう。それは非常に眩しいので、汝はほとんどそれを見つめることが出来ないだろう。（『チベットの死者の書』）

## フィリップ・K・ディックと三島由紀夫

「転生」について書かれた文学作品といえば、三島由紀夫の『豊饒の海』と、アメリカのSF作家フィリップ・K・ディックの『ユービック』を思いだす。どちらも主として一九六〇年代後半に書かれており、ほとんど同世代の彼らは、三島由紀夫が一九七〇年に自殺、ディックが一九八二年に五三歳で急死している。二人とも、自らの死の予感と向かい合いながら、一九六〇年代末という時代の中で「転生」への思いを深めていったように見える。『豊饒の海』は三島の遺作となったたし、ディックの遺作も『ティモシー・アーチャーの転生』という、やはり転生を扱った（SFでない）主流文学作品だった。このことは偶然の一致とは思えない二人の精神的な近さを思わせる。日本人とアメリカ人、主流文学とSFというジャンルの違いはありこそすれ、やはり彼らは同時代の人間として同時代の空気を呼吸し、同様の「近代の病」にとりつかれていたのではないだろうか。

『豊饒の海』は四部から成る長篇で、それぞれ『春の雪』『奔馬』『暁の寺』『天人五衰』と独立したタイトルをもつ完結した物語である。一つ一つの物語の主人公が何らかの理由で二〇歳で夭折し、次の物語の主人公として「転生」する。四部全編を通じての登場人物が、彼らと関わり、彼らの転生の証である「三つの黒子」を確かめる。『奔馬』の少年や『暁の寺』のタイの姫が、『春の雪』の主人公清顕の生まれ変わりであるかどうかは、そのことでしか証明されないし、はっきりした根拠はないのだが、それでも共通の登場人物である清顕の友人・本多は、彼らが確かに清顕の生まれ変わりであると信じている。それぞれの二〇年の人生を見た本多は第四部では老人となり、物語もまた、徐々にエネルギーを失ってゆく。物質を支配する「エントロピーの法則」が、『豊饒の海』という長大な転生の物語、死の物語をも支配しているような気がする。目撃者・本多の死が近付き、最後の転生者・透の存在感は次第に薄れてゆく。全てが本多の夢であったのか――と、仏教的唯識論の霧の中に、物語はふっと姿を消してしまうのだが、それはまるで、物語そのものが次の転生に向かい、あるいは輪廻それ自体から脱け落ちてしまったかのようである。

フィリップ・K・ディック『ユービック』にも、「転生」のイメージが濃厚にあらわれる。設定は近未来だが、そこでは心臓死を迎えた死者たちが、「半生者」として冷凍睡眠に入り、時々脳の機能を喚び覚まして生者と対話する。彼らは脳細胞のすべてが死滅するまで、半生者、つまり死者と生者の中間の状態で横たわり、さまざまな夢を見続けるのだ。

「いま、夢を見ていたのよ。」エラはいった。「煙った赤い光が見えたわ、恐ろしい光。でも、どんどんそっちへ近づいていくの。止まることができずに。」「わかる」ランシターはうなずいた。「『チベットの死者の書』に、そのことが書いてあるよ、きみもそれを読んだのをおぼえているだろう。……（中略）……ふむ。ほら、よくいうじゃないか。きみは第二の誕生のために、新しい子宮へ向かってるんだよ。それから、煙った赤い光――そいつは悪い子宮なんだ。きみはそっちへは行きたくない。それは屈辱的な、卑しい種類の子宮だからだ。たぶんきみは、つぎの一生かそんなものを、予見している

のかもしれんな」（『ユービック』フィリップ・K・ディック　浅倉久志訳　ハヤカワ文庫）

これは、『チベットの死者の書』で語られる、第四日目の赤い光のヴィジョンのことをさしていると思われる。

ブレータ・ローカのくすんだ赤の光の方へ引きつけられるな。それは汝のサムサーラ界への激しい執着から発して、汝を迎えにやって来る光の道である。もし汝がそれに引き付けられれば、汝は不幸な精神の世界へと落ち、飢えと渇きの耐えがたい不幸を苦しまねばならないだろう。……（『チベットの死者の書』）

異色のSF作家として評価の高いフィリップ・K・ディックは、チベット密教、易学、仏教といった東洋宗教・思想に大きな関心を寄せていた。晩年の七〇年代には自ら神の「啓示」を受け、グノーシス主義への傾倒を深めて、独自の「ディック神学」ともいうべきものを『ヴァリス』『アルベマス』『聖なる侵入』といった晩年の諸作においてうちたててゆく。自らの死を予感していたこれら二人の異才の作家たちが、「転生」の思想にこだわり続けたことは興味深い。「転生」「生まれかわり」そのものを肯定することは難しいかもしれないが、少なくとも、「転生」という観念には何か生命や人間の存在の本質に関わるようなものがあることは否定できないと思う。三島やディックのような天才的アーティストが、その鋭敏な直感力をもってそれを洞察していたらしいことも、うなずける話ではないだろうか。

「あなたはわれわれといっしょにいるんですね。こっち側に。冷凍槽にはいって」

「ええ、あなたがたもよくご存じのように、かなり前からね」エラ・ランシターはいった。

「いずれ近いうちに、わたしは別の子宮の中へ生まれ変わる、と思うわ。すくなくとも、グレンはそういうの。わたしは煙った赤い光の夢をしょっちゅう見るんだけど、これは悪い知らせなのよ。……」(『ユービック』)

# パラオにおける中島敦

## 『南島譚』

一九四一年、昭和一六年七月のこと、ミクロネシア諸島のパラオで、二人の日本人の芸術家が出会いました。当時四一歳だった、画家・彫刻家で民族誌家でもある土方久功《ひじかたひさかつ》と、彼より九歳年下の三二歳で、元横浜高等女学校国語教師、南洋庁の役人となり赴任してきた、のちに小説家として有名になる中島敦です。

この年の十二月、日本軍がハワイの真珠湾攻撃を行い、太平洋戦争に突入するという、まさに大戦前夜。やがて戦場となるミクロネシアの島々ですが、一九一九年、第一次世界大戦後のベルサイユ条約により、以前ドイツ領だったミクロネシアは日本の委任統治領となり、それ以後パラオ諸島コロールに「南洋庁」が置かれて南洋統治政策が進められていました。二人はこの南洋庁において、それぞれ物産陳列所嘱託（土方）、国語教科書編集書記（中島）という立場で出会ったわけです。

土方久功（一九〇〇―一九七七）は、東京小石川で軍人の父久路の次男として生まれ育った人で、土方家はもと土佐藩士で伯爵家の家柄、久功の二歳年上の従兄は、あの築地小劇場の創始者土方与志という恵まれた環境でした。しかし一〇代後半に父の死にあい、更に結核になるなどした久功は、東京美術学校（現東京芸術大学）に入学、画家・彫刻家の道に足を踏み入れることになります。彼の非写実的な作風は当時の彫刻界では到底認められず、母が亡くなったこともあって、二八歳の一九二九年三月、前々からの憧れだった南洋パラオへと一人旅立ったのでした。

とりあえず南洋庁嘱託の職を得た久功は、パラオ諸島を題材にしたナイーブでのびのびとした絵や彫刻の制作、更に民族学調査に専心し、一九四二年、中島敦と共に太平洋戦争の始まったパラオから帰国するまで、一三年間をこの南の島々で過ごしたのでした。彼が「日本のゴーギャン」と一部で呼ばれるのは、そういった経歴からでしょう。

## 『青蜥蜴の夢』

いっぽう、中島敦（一九〇九―一九四二）は、やはり東京生まれで、父方は漢学者の家系でした。一九三三年に東京大学の国文科を卒業後、横浜高等女学校の国語の教師になりますが、一九四一年に女学校を退職し、パラオに南洋庁の役人としての職を得て単身赴任したのは、持病の喘息が悪化して暖かい土地への転地療養を必要としたためでした。もう一つはもちろん生活のためで、そのあたりの事情は友人深田久弥に宛てた手紙に記されています。

二人は南洋庁で出会って、九歳の年齢差も関係なくたちまち意気投合します。当時の土方はお役所の嘱託であったにもかかわらず、本心は役人臭さが嫌いで、いささか浮き世離れした熱帯生物研究所の若い研究者たちとばかり付き合っていたとのこと。また、中島は、南洋庁のキャリアの同僚たちから見れば、途中から入ってきたくせに大学出ということで高い給料を取る生意気な若いやつ、ということで反感を持たれ職場で孤立していました。生来脆弱な敦は、パラオに着いてすぐデング熱など風土病に罹り一人苦悶し、教科書編纂の調査のため南洋の小学校を視察する旅に出るのですが、その船出の日にも、同僚が誰一人として見送りに来ないという有り様。そのことを敦はかなり赤裸々に日記に書いています。ともあれ、その土地に珍しい芸術家肌の日本人二人がお互いに親近感を持ち合ったのは当然のことだったでしょう。

気楽な付き合いのできる土方の家に毎晩のように入り浸った敦は、若い生物学者たちをまじえて無駄話を楽しみ、慣れない土地での家族から一人離れた生活のストレスを解消しました。土方も、敦の博覧強記ぶりや才能を見抜いて年令を越えた尊敬の念を持つようになりました。やがて土方は敦に自分の日記や草稿を自由に読むことを許して、そこに記録されたさまざまな南島の伝説や奇譚から題材を得た敦は『ナポレオン』『夫婦』などの短編を書くことになります。

## 『幸福』

中島敦が残したいわゆる南島ものの中に、『幸福』という印象深い短編があります。一九四二年夏に書かれたと推定されるこの作品は、南洋オルガンワル島の古伝説という設定になっています。

この島で一番貧乏で第一長老の下男として仕えていた男がいて、長老は彼を酷使していましたが、夜になると、長老の夢の中では立場が逆転して下男となり、昼間使っている下男にこき使われる苦しみを味わいます。下男は昼間は汗だくで長老に怒鳴られていたけれども、夢の中では自分が第一長老なので、べつだんその生活を苦しいとも思わなかったのでした。長老はこの夢に耐えかねてやがて病気になり、下男を呼びつけるけれども、夢の中での自分を思い出し却っておびえてしまう。長老は下男に自分の夢の苦しみを告白する、というストーリーです。

たとえば中国の「胡蝶の夢」などの古譚をも思い出させるような、夢と現実の相互逆転可能な関係性の話で、物質的満足よりも精神的満足を人生の中で重視する、という中島文学に通底するテーマが短い物語の中に凝縮しています。現実よりも夢の世界の方が人間の人生を豊かにし、満足を大きくする、という考えは、非常に古典的なもので、その意味で決して珍しいものではありませんが、あまりにも夢の世界のウェイトが大きく、鮮やかでリアリティがあり、バランスを欠いている時、そういう人やその人の言説、つくり出すものを見る人間は不安をかきたてられるところがありますね。

こういうものを見てしまって、こういう風に現実をある意味見切ってしまった人はどうなってしまうのか……ゴーギャンにせよ、中島敦のこの作品に大きな影響を及ぼした土方にせよ、また、言ってしまうならば、そういったある種のタイプの人間たち――アーティストなどにはみな多かれ少なかれそういう傾向はあるのですが――は、たとえばゴーギャンのように故郷から遠く離れたタヒチで現実に破れ熱病に倒れたりするのでしょうか。

中島敦も、この後残された命は一年ちょっとしかありませんでした。彼は土方と共に次の年の三月に日本に帰国し、現実＝肉体の限界、と時間を争うようにしながら憑かれたように書き続け、一二月半ばに三三年の生涯を終えます。ですから、彼が小説家として一般に知られるようになったのは、彼が亡くなってからのことなのです。現実＝残された時間との競争と戦いに辛うじて勝利して残された作品が、文庫版の全集にして三巻ぶんあります。

「南洋日記」

中島敦の遺稿の中には、同記および書簡類がありますが、その大部分が一九四一年から一九四二年の南洋滞在・旅行に際して書かれたものです。日記は昭和一六年九月一〇日から昭和一七年二月二一日までの、ちょうど南洋滞在期間中の日付けのもの、いわゆる「南洋日記」のみが残っています。

蠍座ゆ銀河流るるひと所黒き影あり椰子の葉の影

この和歌で始まる、九月一〇日水曜日、コロール、の記録のある日記に、最初に出てくる名前が「土方氏」です。「午後、土方氏、渡辺氏、久保田氏等とアルミズ島民部落を訪う。……（以下略）」。敦は、土方を南洋においては唯一話の合う友人と考え、一緒に出張したり旅をする機会を大いに楽しんだのでした。既に一〇年以上を島民の生活に溶け込んで暮らし、パラオ語にも堪能な土方が島民と親しげに話すのを、感嘆しうらやまし気に見ていたという中島敦。

敦はパラオ諸島の島々の小学校を訪ねる旅を続けていくうち、島民の小学校向けの国語（日本語）教科書編纂という自分の仕事に無意味さを感じるようになったことを、東京にいる妻たかへの一一月九日付けの手紙で赤裸々に述べています。

今度旅行して見て、土人（島民）の教科書編纂という仕事の、無意味さがはっきり判ってきた。土人を幸福にしてやるためには、もっともっと大事なことが沢山ある、教科書なんか、末の末の、実に小さなことだ。……（『中島敦全集2』ちくま文庫）

土方と同様、敦も子供のような無垢さを持った島民のほうにこそ、よほど日本人仲間よりは親しみや好感を持っていて、南洋庁の役人としては持ってはいけない、島民の側の視点を持ち、本当に彼らを幸せにするのは教科書などではない、と、すぐに現実を見抜いてしまったのでした。しかし、こういう本音は、パラオにおいては土方とのプライベートな会話や、あるいは家族にあてた手紙の中でぐらいしか吐露されることがなかったのは当然のことでしょう。

このような時世では、チッポケな個人の理想など、もっと大きな世界の変動のために何時みじめにひっくり返されるか判らないからです。(『中島敦全集2』)

父に宛てた手紙の中で敦がこう書いたのは九月一三日、この三ヶ月後には太平洋戦争が勃発することになります。

『かめれおん日記』

中島敦の南洋からの書簡の中には、当時国民学校(小学校)二年生であった長男桓《たけし》に宛てたものが五〇通ほどあります。日記は文語体、大人向けの書簡は普通に話すような口語体で書かれていますが、息子向けのものはひらがなを多用し、簡単な絵まで添えるなどしていて、当然ながら相手により相当書き方が変わっています。

この息子に宛てた手紙を読んでいると、実に「普通のお父さん」であるのに驚かされます。「おかあちゃんのいうことをよくきいて」と書いたり、絵はがきの風物を説明したり、子供の文章の間違いを直したり。少しばかり古風な感じはするとはいえ、いまどきだってそこら中にいてもおかしくなさそうな、子供を思う「お父ちゃん」そのものです。

「おとうちゃんのひるごはんは、毎日バナナ十二本だよ。うらやましいだろう。」（七月八日）

「夏休のしゅくだいは、ちゃんとやってるかい。なまけちゃだめだよ。」（八月六日）

「桓はバナナのなりかたをしらないだろう。こんなふうに、ちょっとさかさまみたいになるんだよ。」（七月?日）

小説の文体は漢文の影響の見られる、古典的な硬質の格調高さが定評ある中島敦の文章も、個人的な書簡を読んでいると、たとえば自分の父親の話を聞いているような、昔のお父さんの普通の日本語が流れ出ているような感じがします。戦時中で緊迫した時代でしたが、当時の人たちの日常の感覚が、今とそれほどかけ離れたものでもないところにまた驚くこともあります。

「こんやは、まん月。海岸へさんぽに行くと、とてもきれいなんだけれど、ぼくはまだ少しびょうきなので行かれません。

南洋の月は、東京や横浜の月よりも、ずっとずっと明るいのです」(九月六日の夜)

## 『光と風と夢』

サモア島で死んだ英国作家、ロバート・ルイス・スティーヴンソンの南の島での最期を描いた長篇『光と風と夢』は、中島敦がパラオ行きを決行する以前に完成していた作品で、パラオに出発する直前の六月、鎌倉の友人深田久弥を訪ねて、中国ものの『古譚』の草稿とともに託していた作品でした。『光と風と夢』は、深田の仲介で『文学界』に掲載されることになり、芥川賞候補ともなって、これが彼のデビュー作となります。しかし、その年の終わりにはもう敦は喘息の悪化で亡くなってしまうのですから……せめて、自分で校正をすることのできた本が二冊あっただけでも幸いというべきでしょうか。

当時、芥川賞の選考委員の間では、この無名の新人の作品は「奇を衒う面白みはあるが到底芥川賞に値するものとは思えない」と、ほとんど無視されていたようです。『古譚』の中には、のちに国語教科書に載せられて広く知られることになる、あの『山月記』も含まれていたのですが……。

ともあれ、『光と風と夢』を書いた時点では、彼はまだ現実の南洋を体験していなかったわけで、サモア島のこともスティーヴンソンについても、徹底して資料を読み込み、想像力で補って書かれた作品ということです。それを考えると、ほとんど想像力だけでこれだけのリアリティを出した中島の筆力に感嘆もさせられる一方、この作品は、当時の日本人が漠然と抱いていた「南洋」への憧憬が随所に表れているいいサンプルになる、と考えることもできるのではないでしょうか。

『宝島』や『ジキルとハイド』で有名なスティーヴンソンは、ポリネシアに親しんだ作家としても知られる存在です。英国では、サマセット・モームが、ゴーギャンをモデルとした小説『月と六ペンス』を書いていますが、中島の『光と風と夢』と読み比べた時、その違いにいろいろと気付かされます。こんなアナロジーを言い立てるのは、根拠が薄くて申し訳ないのですが、ちょうどゴーギャンと土方久功の絵の性格の違いとも似ているように私には直感されます。……つまり、ひとことで言えば、土方の絵も中島の小説も、ゴーギャン、モームのそれぞれの作品に比べて、よりおおらかさや素朴さ、のんびりしたユーモアが感じられる、ということです。島民に対する距離感や視線がよりソフトな感じがするのです。ゴーギャンやモームの作品から伝わる、熱帯でありながら凍り付くような、ひりひりする孤独感、島民との距離感が日本人の場合には感じられない。ある種の余裕がある、という気がしました。これはなぜなのでしょうか。やはり、日本人の方が島民と肌合い的に近いから、ということがあるのでしょうか……。

『光と風と夢』で、サモア島の陽気で純朴な島民たちに溶け込み、「ツシタラ」(酋長)と親しまれるスティーヴンソンのユーモラスな人物造型は、モームの描くゴーギャンとは正反対というぐらい違っています。孤独な最期を迎えるゴーギャンの救いのない悲劇性と反して、スティーヴンソンはごく日常的に、間抜けな失敗でもしたように頭痛に襲われて倒れ、その死を西欧人やサモア人の友人たちが惜しみ島の土に埋める。酒のみ仲間だった陽気な老酋長の一人が、赤銅色の肌にひとすじの涙を流し、こう別れの言葉をかけるラストシーンも、素朴な暖かみさえ感じられたのが不思議議でした。

「トファ!(眠れ!)ツシタラ」

# 矢田津世子のこと

## 『忘れぬ眉目』

矢田津世子という女性作家については、作品は知らないけれども坂口安吾の恋人として名前は知っている、という人の方が多いかも知れません。昭和前期に『女人芸術』などに書いていて、代表作は『神楽坂』『茶粥の記』あたりなのですが、いまひとつ一般的ではないし、三六歳で早世したため残っている作品の数自体が少ない。彼女自身の言葉よりも、彼女について語られた言葉の方がはるかに多く残っている、その意味では、作家としては未完であり道半ばにして倒れた人だったと言えるでしょう。

矢田津世子は美人作家として有名で、残っている写真を見ると、中近東あたりに見かけられそうなエキゾチックな顔だちの、いささか中性的な美貌の人です。「爽やかな美少年のよう」と、『忘れぬ眉目』の中で吉屋信子が語っているように、硬質なガラスのような透明さ、水のようなクールさを感じさせる彼女の美貌が女性・男性を問わず多くの人を惹き付けたようですが、そのため、よりいっそう作家としての彼女の姿は見えにくくなっています。ほとんどの人が彼女の作品や内面でなく、外見にばかり興味を持ち、好悪の感情のバイアスのかかった視点でしか彼女を描いていないので、冷静に作家として見ていた同時代の人というのが専門家の中でも見つけにくいのです。その点においても、作家としては不完全だったかも知れません。

「名声に比して内実の伴っていない典型的サンプル」などと言われたりしたことも、自分の意に反して名前ばかりが先行することも、本人はきっと辛かったのではないかと思います。女性の作家というだけで数が少なく好奇の目で見られ、私生活や外見のことばかり興味本位でおもしろおかしく取りざたされたりする、というのはどこでもありがちなことですが、やはり、どれだけ美人作家と言われたとしても、作品で勝負ができなければ作家としては敗北者ということになります。

実のところ、矢田津世子という人は、むしろ無愛想で口下手な、非常にストイックな求道者的側面のある性格だったようです。どちらかといえば自己表現が下手で、そのために却って彼女に好意を抱く人には過大評価されるきらいがあり、またその逆も多かったようです。理想を抱きつつも、結局は大したこともできず、未完のままで終わってしまった、というのが彼女の作家としての人生だったのでしょう。私はむしろ、そういうところに関心を持って彼女の伝記や残された作品を読んだのでした。

## 『神楽坂』

女性の作家では、BUSUに期待する、と、いつだったか三田誠広さんが書いていたのを思い出しますが、ユーモアで紛らわしつつも、なかなかリアリティのある指摘であった、というより、古典的公式見解でありました。

文学史に残る女性の作家に、なぜそれなりの方が多いのか、若い頃はそれは世間の偏見か何かで、現実はそうでもないのでは、などと思っていたのですが、近くに実例をいくつか見て観察したり、また自分なりの人生経験を積んで世間的なものの見方というものが分かってくるうちに、なるほど、昔から言われていることには確かに真実があるのかもなあ、とようやく納得してきたものがあります。

あまりオリジナリティのある意見ではないのですが、確かに普遍性はあると思うので言ってしまいますと、ものを書くなどという作業は本来地味で暗いストイックなものであり、集中する時間やエネルギーが相当なければできないことです。さほど男性の関心を惹かないような外見がそれなりの人であれば、まず男性がちょっかいを出してこないので仕事に集中できる、人に嫌われまいと半端な努力をする必要もなく思いきったことが書ける、また、同性の反感を買わずに済むのでライバル視される心配もいらない、などといった、適性が多分にあるわけです（このあたり冗談半分以上ですので断っておきます）。

矢田津世子の場合を見ていても、彼女に惚れ込んだ女性も男性も見た目のことばかり書いているし、作品については彼女を好きな人は過大評価していて、そうでない人は実力が全くないのに人気だけ、と全否定するばかりで、実のところ彼女の作品に本当に興味があって読んでいた人というのがどれだけいたものか疑問です。「作品より本人が面白い」などと言われる人というのは必ずいるものですが、たぶん、作家としては禁欲的で生真面目な性格だったらしい彼女は、そのことを気に病んでいただろうし、変に目立ったりすることは嫌で、自分の実力や作風に見合った、地道な生活をしたいと切望してはいなかっただろうか、などと想像します。

現代に生きる私たちは、その意味で、先入観に惑わされることなく彼女の作品を読むことができる可能性がまだしもあるのかも、と思っていますが……。

## もの書きの宿命

ものを書くこと、そして有名になってしまうことの恐さとは、自分を嫌いな人がいることが明らかになる、ということではないかと思います。

子供が大人になっていく第一歩として、自分を嫌いな相手がいることに気が付くこと、があるかも知れません。家族の愛に固く守られていた人ほど、また、人に嫌われてはいけない、と教わっていた人ほど、嫌われることに慣れていない人ほど、その時のショックは大きいだろうと思います。ただ、一般には、子供同士や家族の間の好き嫌いは、理由が分かるものだし、時間がたっていけば改善の余地もある、という希望があります。問題は、自分の努力ではどうしようもない理由により嫌われていたり、自分が知らない相手にいつの間にか嫌われている、といった場合です。自分の存在そのものが誰かに嫌われている、何をどのように改善しようと、どれほど努力しようとそれは変わらない、という場合があることに気付いた時、ようやく大人の社会に存在している自分を意識できるのではないでしょうか。

ものを書いて、不特定多数の人に読まれる、ということは、自動的に自分の意見に反対する人、自分の意見や存在そのものにより利益が損なわれる人を敵に回す、敵を作るということなのです。自分が知らない多くの人に自分が知られる、ということは、自分の存在そのものがうっとうしい、と思う相手の存在も明らかにしてしまいます。

どんなにいい人でも、必ず誰かには嫌われていたり、いつの間にか自覚せずに誰かの利害を損なっていて、知らないところで批判されたりしているものですが、一般にはそれは本人の耳には入らないようになっています。しかし、有名になってしまった人や、ものを書いて自分が何を考えているか見せてしまった人、あるいは、プライベートを一般の人に見られてしまった人の場合には、それがはっきりと分かってしまいます。

ものを書き、人に知られるとは、私生活や外見までもが、文学などに全く関心のない人にまで容赦なく批評の対象になったり、あるいは、自分がいつの間にか属していると見られてしまっている（たとえそれが誤解であったとしても）グループと利害対立関係にあるグループ全体に、それだけで嫌われる、という事態になることなのです。そうなってくると、もう、もともと自分が何を書いたか、などということは全く関係がない。ただ単に、私生活や外見が気に入らない、それだけで文学などとは無関係の一般の人に嫌われてしまったりもするのです。

矢田津世子の場合を見ていても、彼女自身が書いたものより周りの人たちが彼女について語ったり書いたりしたものの方が多く残っていて、賞賛も多いけれども批判も多い。それが実にはっきりしています。自分の書いた作品よりも、自分のプライベートについて他人が書いたものの方が多い、ということは、たとえば芸能人ならばそれでいいのですが、良心的なもの書きであるならば、自分の実力のなさを感じて深く苦悩してしまうだろうと思います。彼女はもともと秋田出身の地道で生真面目な性格の人であっただけに、そういった世間や周りのイメージと本来の自分、あるいはあるべき小説家としての自分との乖離に苦しんだのではなかったでしょうか。

## 『茶粥の記』

矢田津世子の文章は、どちらかと言うと男性的な感じのするすっきりと禁欲的な文体で、特に中年男性の語りの口調を思い起こさせるような雰囲気があります。『茶粥の記』などは特にそれが顕著なのですが、これは、彼女を愛するあまり、ずっと独身を貫いて彼女を守り抜いていた兄の存在と影響が反映しているのだろうと言われます。

矢田津世子自身、恋人はいろいろといたけれども、遂に生涯独身のままだったのは、この兄との結びつきが強かったこと、そして、本人がやはり文学に対してまともに取り組もうという気持ちが大きかったからでしょう。兄の不在のときには、彼女にぴったりと付いて離れず、献身的に彼女が書くことを応援していたロシア文学女性翻訳者がいたし、彼等の隙を狙って近付いて来る人間たちもいましたが、晩年は特に、一人で書斎に閉じこもってひたすら書いていることがほとんどであったようです。

こういった地味で孤独そのものの仕事には、女性の場合は特に、美人であることは不利に働くことの方が多いように思います。つまり、適性に欠けている、ということです。美人であるだけで、既に実力がないと見なされてしまう場合が大変に多いのが世間一般の見方です。美人というほどでなくても、十人並ぐらいであれば、更に不利であるかも知れません。女性の少ない分野において、それだけで目立ってしまえば、あの程度のくせにただ女性だというだけでチヤホヤされて、と男女を問わずよけいに反感を買ったりするでしょう。

女性の小説家はBUSUでないと大成しにくい、とは、ある程度現実を鋭く言い当てているかと思います。それなりの容姿の方は、人に嫌われることを中途半端に恐れなくてもいいし、放っておかれるのにも慣れている、つまり失うものがない、鍛えられているという意味で、やはり強いのではないでしょうか。放っておかれれば一人の時間を仕事に全部振り向けることができるし、人付き合いに気を使う必要も少ない。また、実力があると、見た目だけで認められてしまう傾向がある、という利点もあります（このあたりも冗談半分ですのでご注意）。

矢田津世子に反感を持っていたとされる林芙美子をはじめとするライバルたちの批判などもそれなりに事実を反映しているでしょうが、まだ修業中であるにも関わらず、そんな相手にライバル視されてしまうというのも、本人にとっては心外だったでしょうし、外見のために一部の人に過大評価あるいは過小評価され目立ってしまうのは、不利益としか言いようがないように私は思います。本人は一生懸命まともに取り組もうとしていたことが分かるだけに、この食い違いは実に同情を禁じ得ないところがあります。

矢田津世子自身は、なんとかしてストイックに文学の道を極めたいと思っていたのでしょうが、どうしても放っておかれずに甘やかされる傾向はあったし、そのために耐性が弱くなってしまったことは事実なのでしょう。人に嫌われることに慣れていない人には、嫌われることはそれだけで大変な苦痛になるし、敏感な人ならば心身が損なわれてしまうと思います。

彼女は当時の文学仲間の運動の付き合いで資金調達に協力したため投獄されたことがきっかけで、もともとの虚弱体質と病気が悪化してそのまま早世してしまうことになります。これはまぎれもない弱さではありますが、そんな自分の弱さを最も無念に思っていたのは彼女自身だったのではないでしょうか。

# Ⅳ

# ノスタルジック・ベースボール

ノスタルジック・ベースボール――アメリカの野球映画

野球を扱った映画といえば、やはりアメリカ映画、ということになる。

野球人気が高く、人々の生活にすっかり溶け込んでいるアメリカという国は、文句なくベースボールの中心地といえるだろう。野球そのものをテーマにしたり、背景の一つとして野球が出てくる映画は、圧倒的にアメリカ製が多い。メジャーリーグの野球を扱った『メジャーリーグ』や、マイナーリーグを舞台にした『さよならゲーム』、リトルリーグの『がんばれ！ベアーズ』や女子野球に関する『プリティ・リーグ』など、思いつくだけでもバラエティに富んだ作品がある。

今あげた映画のほとんどは、ダメなチームがいいコーチに巡り会ったり奮起するなどして最後に勝利する、という、典型的なハリウッド系アメリカ映画のパターンを踏襲した、ハッピーエンドのストーリーである。ヨーロッパやアジアの映画では、野球を扱ったもの、少しでも野球が出てくるものにまだ出会ったことがない。

やはり野球が盛んな日本の映画はどうかというと、高校の野球部員の青春の挫折を描いた『サード』とか、大平洋戦争で散った東京六大学の野球部員の物語『英霊たちの応援歌　最後の早慶戦』、ラブ・コメディの『ヒーローインタビュー』などを思い出すが、これらは野球のことというより、青春ものや恋愛もの、戦争ものの枠内で野球が背景として扱われている、という感じである。もっとも、私は日本映画をそれほど見ていないから、私が知らないだけかもしれない。

さて、野球映画で私が最も好きな作品は、『エイトメン・アウト』と『フィールド・オブ・ドリームス』である。この二作品は、たまたまどちらも一九一九年に起きた有名な「ブラック・ソックス事件」に関連した内容である。

「ブラック・ソックス事件」とは、当時優勝を争っていたシカゴ・ホワイトソックスの選手八人が、マフィアとのつながりで八百長を演じ、球界を永久追放になったというものだ。米球界を揺るがした歴史に残る大スキャンダルだが、『エイトメン・アウト』は、その事件を当事者である選手の立場から描いた物語である。

監督のジョン・セイルズは、アンチ・ハリウッド系のインディペンデント映画の第一人者で、種々の社会問題を正面から扱った作風で知られている。この作品も、当時の社会的背景や、選手達の抱えるさまざまな事情と、オーナーなど球団側との葛藤がよく分かるように描かれているのが特徴だ。しかし、何よりも印象的なのは、シューレス・ジョーをはじめとする選手たちの「野球バカ」ぶり、あまりにイノセントだったプロ・スポーツマンたちが、複雑な社会の壁にぶつかり挫折していく姿の切なさである。

一九一九年、シカゴ・ホワイトソックスにはとりわけ優秀な選手たちが集まっていたが、球団の扱いは悪く、優勝してもボーナスも出ないありさまだった。そんな球団の態度に不満を持っていた選手の一人が、マフィアを通じてワールドシリーズで八百長試合をする話をチームメートに持ちかける。家庭の事情があった投手のエディをはじめ、レギュラー数人が仲間になった。スター選手で人気のあったシューレス・ジョーは、野球の能力は天才的だったが、それ以外のことには全く疎い子供のような人間で、よく分からないうちに協力させられることになってしまう。ジョン・キューザック演じる内野手バック・ウィーバーはこれに反対したのだが、仲間たちの抱える深刻な事情をそれぞれ知っているだけに密告することはできず、協力しないまでも八百長を黙認するのだった。

ワールドシリーズでの八百長の疑いが出て、遂に裁判になった時、シューレス・ジョーやバック・ウィーバーを含む八人の選手が被告となった。世間は大騒ぎになり裁判所を出たシューレス・ジョーに、一人のファンの少年が「ねえ、ジョー、ウソだよね。ウソだと言って！」と、必死に声をかける。ジョーはその声に答えることができずうつむくだけだった。オーナーは「選手たちに償いをさせる」と言い、八人は球界から永久追放されることになる。

彼らにとっては野球が全てで、野球を取ったら何も残らない。だからこそ、世間に対しては無防備で、八百長事件に巻き込まれてしまうのである。それなのに、その野球を禁じられた八人の選手たち……。特に、あまりにも無垢な天才バッター、シューレス・ジョーとバック・ウィーバーの場合は悲惨である。バック・ウィーバーは八百長には加担しなかったが、「知っていたのに通報しなかった」ということで同様の処分を受ける。彼は後半生を通じて何度となく処分取り消しを求めたが、ついにそれが認められることはなかったという。

数年後、ある地方の球場で、アマチュアの野球チームが試合をやっている。その中でひときわ目を引く一人の選手……それは名前を変えたシューレス・ジョーだった。彼のプレーをスタンドからバック・ウィーバーが見守っている。グラウンドをのびのびと走り回るシューレス・ジョーの屈託のない笑顔。哀感の残るラストシーンだった。

もう一つの作品、『フィールド・オブ・ドリームス』の舞台は一九八〇年代である。主人公のレイ・キンセラは中年を迎えた農場主で、いわゆるベビー・ブーマー世代に属している。一九六〇年代に青春を過ごした彼と妻アニーとは、ベトナム反戦運動やヒッピー・ムーブメントを経験しているが、今はアイオワ州の田舎の農場で平凡な生活を送っている。そんな彼が、ある日、トウモロコシ畑の陰から「それを作れば彼が来る」という不思議な声を聞き、かねてからの夢だった球場作りを始めることになる。周りの人たちは彼を狂人扱いするが、レイは構わず、たった一人で畑を切り開き、野球のグラウンドを作り上げる。

完成した無人のグラウンドに、トウモロコシの葉をかき分けて、一人のユニフォームを着た野球選手が姿を現した。どことなく愁いを帯びたその若者は、あのシューレス・ジョーの幽霊。「仲間がいるんだ。呼んでくる」そう彼が言うと、今度は七人のチームメートがその場に現れた。彼らこそ、一九一九年の「ブラック・ソックス事件」で永久追放になったあの八人である。

彼らの姿はレイにしか見えないのだが、八人は嬉しそうにその夢のグラウンドでプレーを始める。その様子を見て、レイは幸せだった。子供の頃からの夢が、ついにかなったのだ。やがて妻をはじめ、まわりの人々もだんだんと彼を理解するようになる。レイの夢を理解した人には、シューレス・ジョーたちの姿が見えるようになるのだった。そしてとうとう、彼のグラウンドにアメリカじゅうから車を連ねて観客たちがやって来る……。

何ともいえない不思議なムードのある、そしてたまらなく懐かしいファンタジーである。何かを熱烈に愛するということの切なさと、一回きりの人生、そして青春の夢の大切さが、ほのぼのとしたペーソスとともに伝わってくる。これも一つのアメリカン・ドリームなのだろう。夢破れた数知れぬ名もない若者たち、歴史の闇に忘れ去られていった敗者たちを、優しく受け止め、よみがえらせる空間……それが「フィールド・オブ・ドリームス」なのかもしれない。誰もが心の奥に秘めている、取り返しのつかない青春の思い、もう一つのあり得たかもしれない人生の夢が、少しずつほろ苦い痛みを伴って呼びさまされる。そして野球という競技が、そんなアメリカ人の心に根づいた、深い郷愁に満ちたスポーツであることを再確認するのだ。アメリカン・ノスタルジーの故郷――ノスタルジック・ベースボールである。

## 郷愁の野球マンガ――一九六〇年代、七〇年代を中心に

### 寺田ヒロオ「背番号0」――六〇年代

私が初めて出会った野球マンガといえば、寺田ヒロオの『背番号0《ゼロ》』『スポーツマン金太

郎』である。小学校低学年の頃のことだから、一九六〇年代ということになる。
『背番号0』は、ゼロ君という少年野球の選手を主人公に、妹のキミちゃんなど家族やチームメートたちとの日常生活を描いた子供向けのマンガである。短編のエピソードが一回ずつ完結してシリーズで続いていくようになっていて、昭和三〇年代ごろの家庭や子供の生活がよく反映されていたように思う。悪い人間というものは登場せず、ゼロ君をはじめとして、登場する子供たちは素直で健康で正義感が強く、思いやりがある。徹底した性善説に基づいたキャラクター設定とストーリーは、古風だが潔癖でさわやかだった。古き良き時代の「子供」像、「スポーツ少年」像が、寺田ヒロオのマンガの中では自然に生き生きと息づいていた。

その中でも私の印象に残っているのは、隣町の少年野球チームの四番打者がケガをして、顔がそっくりなゼロ君が代わりに試合で大活躍するという話や、勝つためにずるいプレーをするチームがゼロ君のチームと対戦し、お互いの交流を通じてフェアプレーに目覚めていく話、お気に入りのバットを見つけたゼロ君が、そのバットを枕元に置いて寝ていると、「シクシク」と泣き声がバットから漏れ、もとの持ち主の少年が死んだことを知ってそれを返す、という話などである。のちのスポ根系の野球マンガとは違って、野球のプレーそのものはあまり出てこない。主になるのは、ゼロ君を中心とするまわりの人たちとの家族愛や友情である。そしてそういう点で、いつの時代にも読まれ得るような普遍的なテーマが追求されていたと思う。

しかし、寺田ヒロオのマンガを思い出す時、私は例えようもない懐かしさと、喪失感とを、共に感じざるを得ないのだ。四〇年という時代の流れの中で、現代の日本が永遠に失ってしまった何ものかをそこに見いだすからである。それは、昭和三〇年代前半の若いマンガ家たちの青春、「トキワ荘伝説」に対して感ずる郷愁とも似ている。

『背番号0』も『スポーツマン金太郎』も、今読んでも充分に読みごたえのある作品だが、もはやこのようなマンガは日本で描かれることは決してないだろう。寺田ヒロオのマンガは、絵もテーマも戦前からのいわゆる「児童マンガ」の系譜に連なっている。清く正しい少年、愛情に満ちた家族、フェアプレーと友情、そして子供の読者への教訓を含んだストーリー……これらがリアリティを持つおそらく最後の時代に、ゼロ君やスポーツマン金太郎は誌面を生き生きと駆けめぐった。いまだ発展途上国だった日本の社会背景と古いモラルが生きていたからこそ、ゼロ君のキャラクターは生まれることができたのである。

寺田ヒロオといえば、作品を読んだことのある人は少ないかも知れないが、テレビドラマや映画にもなって有名な「トキワ荘伝説」の主要登場人物の一人として知られている。昭和三〇年代初め、売り出し中の若いマンガ家たちが、東京・椎名町のトキワ荘という木造アパートに集まり、共同生活をしながらマンガ談義をたたかわせ、やがて有名マンガ家になっていった。この時のメンバーに藤子不二雄、石ノ森章太郎、赤塚不二夫、つのだじろうといったそうそうたる面々がいるのだが、中でも一番年長で彼らの先輩格、リーダーだったのが寺田ヒロオである。

寺田ヒロオは新潟の出身で、高校時代には野球部のエースだった。体格のいい美男子で、後輩の面倒見がよく親分肌の性格だった。生真面目なところがあり、教職を志していたことがあるというから、彼の子供好きと作品に漂う教育臭はそういうところから来ていたのだろう。『スポーツマン金太郎』や『背番号0』といった野球マンガが彼の代表作となったが、やがて、『小学四年生』などの教育誌に発表の場を移し、数年後には創作に行き詰まって遂に筆を折ってしまった。トキワ荘の主要メンバーの中では一番最初にマンガから離れたわけである。

筆を折った理由として、彼は「時代の変化」をあげているが、確かに昭和三〇年代から四〇年代にかけての大きな時代の変化は、一般社会にもマンガ界にも及んで、潔癖で誠実でのどかな寺田ヒロオの児童マンガの世界は居場所を失ってしまったのだと思う。彼はその後、茅ヶ崎の自宅に引っ込んでマンガ史の研究に転じ、再びマンガの筆をとることはなかった。

私は小学生の頃出会った寺田ヒロオのマンガの魅力に取りつかれ、彼の作品が雑誌で全く見られなくなっても、ずっとゼロ君やスポーツマン金太郎のことを忘れることができなかった。彼がいつかまたあの清廉でほのぼのとした野球マンガを描いてくれることを願っていたのだが、寺田ヒロオは六一歳でこの世を去ってしまった。これでもう決して彼のマンガの続きを読むことはできなくなった。しかし、『背番号0』と『スポーツマン金太郎』の古い単行本は今も私の実家の本棚にあり、変わらぬ魅力を保ち続けているのである。

## 梶原一騎作、川崎のぼる絵『巨人の星』——六〇年代後半

さて、「これこそが野球マンガ」という古典中の古典は、何と言っても『巨人の星』だろう。テレビアニメにもなり、日本中でこれを知らない人はいない、というほどに有名である。当時の『巨人の星』の新しさは、それまでの児童マンガとは違ったリアルな絵柄、シュールなまでに誇張された感情表現などにあったと思う。伝統的ないわゆるスポーツマンガの流れを変え、劇画全盛時代に連動して「スポ根（スポーツ・根性）マンガ」というジャンルを確立した。

主人公星飛雄馬がマウンド上で闘志を燃やす時の表現として、目の中に火がメラメラと燃え上がる様子をアップで四、五段にわたって一ページまるまる使って描く、という方法が

とられていたのは実に印象的だった。星飛雄馬の家庭は貧乏であるという設定になっていたが、家族三人でお父さんもお姉さんも働いているのにそう貧乏なはずはない、とか、ライバル花形満が中学生なのに自分で運転してスポーツカーを乗り回していたとか、冷静に考えればおかしなことはたくさんあったのだが、あの極端に思い込みの強い力みすぎのキャラクターも、呆れるほど大げさな表現も、当時の小学生だった私たちにとっては、自然にそれなりのリアリティを持って受け取られていたのだから、それはやはり時代の勢いというものだろうか。

一九六〇年代後半から七〇年前後、昭和四〇年代という時代背景があってこそ、『巨人の星』の世界は現実とのつながりを持ち得たのだと思う。『巨人の星』の星飛雄馬も、やはり一世を風靡した『あしたのジョー』の矢吹丈も、マゾヒスティックなまでにひた向きで、パンチ・ドランカー気味で、どうでもいいことにもやたらと力が入った、今思えば覚醒剤かコカイン中毒的なキャラクターである。休息を知らずどこまでも突っ走っていく、典型的な高度成長期型の人格……この時代のスポ根マンガの過剰なまでのエネルギーは、先進国になろうとしていた日本の、発展途上国最後の輝き、とでも言えるだろうか。

それにしても、星飛雄馬という男は、やたらと泣くし、やたらと男同士で抱き合い、ユーモアもゆとりも感じられない困った人間だ。あんなうっとうしいタイプが八〇年代以降にいたとしたら、「暗いヤツ」と、いじめにでも遭っていたのではないだろうか。当時でさえ、テレビアニメの『巨人の星』を家で見ていた時、恋人の看護婦・美奈さんの死に落ち込む飛雄馬について、母が「まだそんなこと言ってるの。めめしいわねえ」とあきれていたのを思い出す。ピッチャーとしても、あんなに一球ごとにもったいぶって考え込み、インターバルが長くなっては、相手バッターもチームメートの野手も迷惑だったことだろう。ジャイアンツに入ってからも、適度に力を抜いて選手生命を少しでも伸ばすということを全く考えなかった彼は、プロとして失格なのではないだろうか。

主人公・星飛雄馬がビンボーな家に育ち、父親のスパルタ教育と努力とで夢を実現してゆく一方、ライバルは金持ちのボンボンで天才打者の花形満である、という設定は、伝統的なパターン通りである。しかし、以前なら完全な悪役になっていたはずの花形満が、決して悪役ではなかったところが新鮮だった。花形は飛雄馬の実力を認めて尊敬し、深い友情を抱く、性格のいいヤツだった。天才だから普段練習したり努力したりする様子はなかったが、プロ入りして飛雄馬の魔球・大リーグボール一号を打ち崩すために、あまり似つかわしくないマゾヒスティックな特訓の姿も見せてくれたりした。

私は主人公の星飛雄馬よりも、花形をはじめとするライバルたちの方が好きだった。熊本出身でいつも九州弁でしゃべり、実直そのものといったタイプの左門豊作とか、ブラック・

イズ・ビューティフルの怪力の外国人選手、アームストロング・オズマとか……。高校の友人である脇役の運動オンチ・マンガ家志望の文科系青年、牧場春彦なども捨てがたいキャラクターだった。

野球マンガについて書かれたある本を読んでいたら、「星飛雄馬は金持ちの花形満が嫌いで、ビンボー出身の左門豊作が好きだった。『巨人の星』は星飛雄馬と左門の友情物語である」ということが書かれていた。しかし私はそういう風には思わない。飛雄馬と花形の心の結び付きは、ほとんど恋愛に近いものがあったと思う。甲子園で、指の故障を隠して投げていた飛雄馬にホームランを浴びせた花形が、真実を知って涙を浮かべるシーンは、ストーリー展開上のクライマックスをなしているが、そこで、花形は「星くん、きみを抱き締めたい」というセリフを吐くのである。また、花形が立ち寄ったガソリンスタンドで、偶然それと知らずに飛雄馬の姉・明子に出会い、飛雄馬の面影を見て一目ぼれするシーンも象徴的である。

飛雄馬の親友でキャッチャーである伴宙太も明子に恋するのだが、こちらもまた飛雄馬との結び付きが強い。『巨人の星』はのちにさまざまなからかいとパロディの格好のネタになったが、七〇年代の後半に小学生の間で流行っていたという「巨人の星ごっこ」もその一つで、それは男の子二人が離れて立ち、「ほ、星!」「伴よ!」と声を掛け合って、いきなり駆け寄って抱き合う、という、ただそれだけの内容だった。飛雄馬と伴宙太の怪しい関係と、余りに過剰な感情表現をパロった遊びである。花形満と伴宙太の星明子をめぐる恋のライバル関係は、実は飛雄馬を挟んでの花形と伴のホモセクシュアル的三角関係だったのではないか、と、私はそう読んでいるのである。

## スポ根ものと水島新司の作品など――一九七〇年代以降

一九七〇年を挟んだあの時代のスポ根マンガの隆盛と、テレビドラマの「青春もの」の流行とは、一種の祝祭の騒ぎのようで、あの爆発的なムダなエネルギーはいったいどうしたものかと、恥ずかしくも懐かしく思い出される。今では死語となっているいわゆる「青春」ものは、後にさんざん言い尽くされている通り、高校の運動部が海岸をランニングし、夕日に向かって「バカヤロー」と叫ぶという、あのパターンを作り出した。あれをギャグ抜きにまともに受け取っていた時代があったというのが今となっては驚異である。同様に『巨人の星』『あしたのジョー』から始まるスポ根マンガの数々も、今思えばほとんど超現実の世界を形成していた。

よど号ハイジャック事件の犯人が「われわれはあしたのジョーだ」と言ったという話はあまりにも有名だが、星飛雄馬と矢吹丈も、当時の若者の気分と時代の気分とを充分に反映したキャラクターだったのに違いない。彼らは二人とも、将来自分たちが年齢を重ねて野球やボクシングをやめる日が来る、などということは全く考えていなかった。決して手抜きをすることも休むこともなく、ただ現在を突っ走ってゆくことしか考えなかった二人は、結局短時間に燃焼し尽くして選手生命を縮めてしまった、とも言えなくはない。「短命」はスポーツの宿命であり、「夭折の美学」はスポーツの一つの本質と結びついた一面ではあるのだが……。

当時数多く出たスポ根系野球マンガには、たとえば、『アストロ球団』『ちかいの魔球』『侍ジャイアンツ』などがあった。スポ根ブームも後の方になると、すでに『巨人の星』などがオーソドックスな路線を確立してしまったため、表現がより過激に、現実離れして奇をてらう傾向が出てきたようだ。私が思い出すのは、外野手がバックスクリーンの上まで、ゆうに一〇メートルほども飛び上がってホームランを捕球したり、ピッチャーが投げる時に、足を一八〇度回転させて上に上げる、といったシュールな表現である。試合の一回の表裏を終わらせるのに、週刊の連載で一年ぐらいかける、というような作品もあった。このハチャメチャさにはあきれるのを通り越して、爆笑してしまったのを覚えている。

水島新司の一連の野球マンガは、その後の時代を代表する作品だといえるだろう。『野球狂の詩』や『ドカベン』『あぶさん』など、本当に心から野球の好きな作者が描いている、ということがよく分かった。それまでの野球マンガより、現実に近い野球のプレーが描かれていて、あまりに荒唐無稽な魔球や、有り得ないような超人的ファインプレーといったものは、ほとんど出てこない。阪神を代表とする大阪の球団や、南海ホークス（現福岡ソフトバンクホークス）などのパシフィック・リーグの球団を取り上げて、その実在の選手たちを登場させているところも特色だった。『巨人の星』でも、王・長嶋をはじめとする実在の選手たちが出てきたが、まるで神様のように描かれていて、あまり血の通った人間という感じがしなかった。しかし、水島新司のマンガに出てくるパシフィック・リーグのプロ野球選手たちは、より自然で親しみやすく、実際に近くにいたとしても違和感が感じられない雰囲気がする。この日常的な安定した感覚は、成熟した大人の感覚とも言えるかもしれない。

私は水島新司の作品を全部読んだわけではないが、五〇代の現役投手・岩田鉄五郎とか、ワイルドな巨漢・岩鬼正美、アイドル系美少年・里中智、紅一点のピッチャー水原勇気など、ユニークなキャラクターをいろいろと思い出す。

『あぶさん』も『ドカベン』も、いまだに続いている。私はもう長いこと続きを読んでいなかったが、この間実に久しぶりに『あぶさん』をめくったら、あぶさんとサチ子さんとの間の息子が大きくなって、プロ入りしそうになっていた。あぶさんはいまだに現役らしい。『ドカベン』では、西武の松坂くんも登場している。古い友達に久しぶりに遭って、健在を確認したような、そんな暖かい気持ちになった。

## ちばあきお『プレイボール』――一九七〇年代半ば

私がちばあきおの野球マンガに出会ったのは、一九七〇年代も半ば頃のことである。『キャプテン』と『プレイボール』という二つの長篇作品は、内容的にはつながっていて、谷口タカオという主人公の少年が、ふとしたことから野球を始め、野球への深い愛情と努力とで、名プレイヤーとなり、中学・高校チームのキャプテンになって強いチームを作っていく、というストーリーである。『キャプテン』では、彼が卒業した後の何代かのキャプテンたちの物語が、それぞれの個性と持ち味を発揮しながら更に続いていく。ストーリーとしてはただそれだけの単純なものなのだが、登場人物のキャラクターと、ひたむきなプレー、そして日常の描写が何ともいえず味のあるいい作品だった。

作者のちばあきおは、あの『あしたのジョー』のちばてつやの実弟である。絵柄もスポーツものという題材もどことなく似ているし、ちばてつやのような華やかさがなく地味な作風だが、この二つの作品で、彼は兄とは違う完全に独自の境地に到達したと思う。

ちばあきおの絵は、伝統的な児童マンガ風のシンプルな線で、ちばてつやの絵とも似ているが、より素朴で親しみやすいものだ。兄のちばてつやは天才肌のプロフェッショナルで、絵もストーリー構成も完成されていてスキがない。ある意味でとりつくシマがなく非情なところがある、とも言えるのだが、それはやはり彼が天才の感覚を持っているからだろう。『あしたのジョー』を見てみても、才能に縁のない普通の人間というのはあまり出てこないし、主人公やライバルたちはひたすらボクシングだけを追求していて、ストーリー展開に破綻がくることはなく無駄というものがない。

しかし、ちばあきおのマンガは、ストーリーがよどみなく流れていく、という感じはなく、プロット的にも穴があったりする。絵もデッサンが狂っていることがあり、どことなく素人臭さが見える。派手なところは全くなく、主人公をはじめとする登場人物は皆、ごく平凡で地味な容姿とキャラクターの持ち主ばかりである。

それなのに、彼らのプレーや感情の動き、日常から目を離すことができず、その世界に引き込まれてしまう。試合の場面には緊張感とドラマがあるし、主人公たちの野球への愛情は切なく、感動的だ。ちばてつやの作品が華麗な大輪のバラのようなものだとすれば、ちばあきおの作品には、道端に咲いているタンポポの花のような、何ともいえない素朴で可憐な味がある。

主人公・谷口君は少年というより子供の顔をしていて、実直でシャイで目立たない普通の少年である。その彼が、野球のこととなると変身してしまう。何よりも大事なことは、彼が野球が好きでたまらない、ということだ。途中彼が指をケガして野球を断念し、サッカー部のキャプテンに誘われてサッカー部に入部する、というところがあった。彼はサッカーにも抜群のセンスがあり、サッカー部で期待されるのだが、サッカーボールを追っていても彼の心はどうしても野球の方へ飛んでしまう。夜、一人でサッカーボールを蹴る練習に熱中していた谷口君の目に、いつのまにかサッカーボールが野球のボールに変わって見え、茫然とするという場面は切なさがあった。

心ここにあらずの谷口君をサッカー部のキャプテンは叱るのだが、ある日、生き生きと嬉しそうに少年野球のアンパイアをやっている彼を見かけて、キャプテンは遂にこう言う。

「野球部に戻れ」

野球のできなくなった彼が、野球部員たちが野球をする光景に見入っているシーンには胸を突かれた。結局、指のケガは治って、彼はめでたく野球を続けられることになるのだが、サッカー部のキャプテンに「野球部に戻れ」と言われた後、少年野球のアンパイアをしながら嬉し涙に肩を震わせる、彼の後ろ姿が忘れられない。

しかし、何よりも鮮やかに私の心に残っているシーンは、実は、ストーリー展開とも野球とも関係のない、谷口君が学校から帰って卓袱台でスイカをかじり、机に向かって宿題を片付ける、という、日常生活の一場面なのだ。この穏やかで安らかな「間」の感覚、ほっと一息をつく「休息」の場面のリアリティこそが、実はちばあきおの真骨頂なのではないか、という気がする。こういう表現は、兄・ちばてつやにはできなかったものではないだろうか。

卒業した野球部の先輩・田所が家業の電気屋を継ぎ、谷口君の家に修理に来て、彼の母と言葉をかわす場面も印象に残った。野球を離れた普通の人の何でもない日常の一コマが、こんなにも生き生きと描かれているのは、ちばあきおに普通の人の日常の目線があったからだろう。

一九八〇年代半ば、ちばあきおはまだ四〇代の若さで自ら命を絶ってしまった。彼の死の直前に撮られた写真を雑誌で見たが、ボクサーの格好をしたちばあきおは、もともと童顔なのに老人のような顔になっていた。疲れきって、どこか悲しそうに見えた。

彼がなぜ死を選んだのかは分からない。しかし、人生の最大の親友であり、ライバルでもあった兄・ちばてつやとの長くハードなゲームは、確かにこれで終わった。弟の死の後、ちばてつやはしばらくショックで仕事が手につかなかったという。

ちばあきおが自らの作品の中に描いたような、あの安らかな休息の一瞬が、永遠に彼のものになったことを祈らずにはいられない。

『プレイボール』『キャプテン』の後、私は野球マンガを読んでいない。スポ根ブーム以後、野球マンガは完全にジャンルの一つとして確立し、その後も数多くの作品が描かれている。しかし、一九七〇年前後にあったような、あの八方破れでアナーキーな勢いは、さすがにもう感じられなくなった。

ここに私があげた野球マンガは、戦後の日本で描かれた無数の野球マンガから見れば、ほんの一部に過ぎないと思う。しかし、全てが子供の頃や一〇代の頃の思い出と結びついた、時代の気分を反映した、私にとって忘れ難い作品ばかりである。マンガにしても、野球にしても、私の今までの人生にとっては、自然と生活に溶け込んだ、空気のようなものだった。そんな野球マンガへのいとおしさを、今、改めて私は感じているのである。さまざまな懐かしさと、少々の悔い、そして恥ずかしさと共に。

## 野球と私の家族

### 父

もの心ついた頃から、生活の中に野球があった。

うちはそんな家庭だったし、それはその頃の日本の平均的な家庭として、珍しくないことだったと思う。

昭和三〇年代、四〇年代の頃には、子供たちが原っぱや路地に集まってやる遊びの中には、必ず三角ベースの野球があった。特に男の子だったら、野球をやったことのない子はいなかったのではないだろうか。

私が思い出すのは、弟と弟の友達が、夕方、暗くなるまで野球に熱中していた、あの近所の原っぱの光景である。

時には、妹や私も、弟に付き合ってバットを振ったり、白いボールを投げたりした。

私にとって一番古い野球の思い出は、まだ四歳か五歳の頃、父に連れて行ってもらったどこかの野球場のことである。それがどこの球場だったか、今となっては知るすべがない。試合はたぶん、大学野球か何かだったと思う。私たちは外野席に座っていて、そこは芝生になっていた。ポカポカと明るい、おそらく夏の日、野球のゲームのことなど分かるはずもなかったが、一番近くにいた中堅手について、父が「今、ボールがこっちに来ると思っていたのに、来なかったからがっかりしてるんだ」と、解説していたのを思い出す。あの名も知らない中堅手の白いユニフォームの後ろ姿を、なぜか今もはっきりと思い出すことができるのである。

私の父は野球だけでなく、スポーツ全般が好きだった。

高校の頃はサッカー部でサッカーをやっていたというが、もう八〇年近くも前のことである。そんな昔からサッカーや野球をやる高校生がいたということに、単純に驚きを覚える。

当時オリンピックだってプロ野球だってあったのだから、当たり前といえば当たり前なのだが……。

でも、父が自分でやっていたのはゴルフぐらいで、後はもっぱら見るだけだった。高校野球や六大学野球が好きで、よく勝敗表をつけたりして楽しんでいた。神宮球場には何度か連れて行ってもらった。大学野球のあののどかな感じが私は好きだった。

甲子園球場には、一九七〇年の夏、大阪万博の年に家族で行った。地元の神奈川県の東海大相模高校が優勝した年で、その決勝戦をスタンドで見た。甲子園名物の「カチワリ」の氷の冷やりとした感触と、大阪の夏のカーッとした暑さとを、懐かしく思い出す。

プロ野球では、父はヤクルトのファンだった。それも、かなりディープなファン、と言っていい。少なくとも年季は入っていた。何しろ一九五〇年代ぐらいから、ヤクルトが国鉄スワローズといって、金田正一がエースだった頃からのファンというのだから。ヤクルトファンの気質として、阪神ファンや巨人ファン、広島ファンのような熱狂を表面に出すタイプではない、ということは確かにあったが、試合の中継を見ていてヤクルトが逆転されたりすると、家族の他のメンバーが見ているのにいきなりテレビを消してしまったり、ヤクルトが負けた晩にはムッツリして不機嫌になったり、というようなことはよくあった。

当時、ヤクルトファンをやるというのは忍耐力のいることだった。何しろ徹底的に弱かったから。私は小学生の頃、当時の子供としてはまっとうに巨人ファンだったが、ヤクルトが一時「ヤクルトアトムズ」になってユニフォームに鉄腕アトムの絵をつけるようになってから、父と同様ヤクルトファンになった。手塚治虫のマンガが大好きだったからである。そして、弱いチームのファンをやるということの屈託と処世術とを学ぶことになった。

ヤクルトファンなら、まず勝ち負けにこだわってはいけない（そもそも勝負事なのに勝ち負けにこだわらない、というのは根本的に矛盾しているのだが）。どんなに負けが続こうと、泰然自若とそれを受け入れなければいけない。たとえ最下位になろうと、「いつも通りじゃないですか。ヤクルトらしくていいですよ。はっはっはっ……」と笑い飛ばせるぐらいでなければ、とてもヤクルトファンなどやっていけないのである。ほとんどマゾヒズムの世界だが、人生において時には「あきらめ」や「悟りの境地」が必要であることを、私はヤクルトファンであることを通して一〇代の頃に知ったのだった。

## 妹

三つ年下の妹も、スポーツが好きで、運動神経も良かった。

中学ではバレーボールを、大学ではフェンシングをやっていた。家庭と子供を持った今も、テニスを続けている。しかし、妹が一番好きだったのは、実は野球だった。当時は女の子が野球をやる場はなかったので、高校の時、妹はバレー部をやめて野球部のマネージャーになった。

妹の高校と私の高校は同じで、神奈川県の県立高校である。新興の学校だったので、野球部といっても硬式ではなく軟式野球部だった。従って、甲子園とは縁がなかったことになる。

妹はいわゆる「女子マネ」として、男子選手たちに混じって球拾いをし、ユニフォームを洗濯し、試合になるとスコアブックをつけた。クールで少年っぽいが、意外と世話好きな妹にはけっこう合っていたらしい。でも、「本当は選手になりたかった」と、本人はよく言っていた。

妹はアマチュアのマンガ同人誌作家でもあるのだが、以前、女子マネをやっていた頃の思い出をマンガに描いていたことがある。それはある先輩の話で、その人は野球があまりうまくなかったのだが、いつも一生懸命にやっていて皆に一目置かれていた。彼が三年生になり、試合に出場した時に、内野ゴロを打ってセーフになったことがある。ベンチでスコアブックをつけていた妹は、見た印象の通り「エラー」と記録した。

しかし、それを見たチームの他の選手が、「これ、ヒットにしてやれよ」と言った。妹はハッと気付いて、そこを「ヒット」に書き直した。チェンジの時にスコアブックをのぞいたその先輩は、「ヒット」の記録を見て、本当に嬉しそうに、晴れやかな笑顔を見せたのだという。彼が高校の三年間を通じて試合で打ったヒットは、ただその一本だけだった。

妹は野球部での活動を通じて、一年先輩のキャプテンだった選手と知り合い、大学卒業後に結婚した。つまり、私の義弟というわけだが、高校生だった妹が、

「野球部のキャプテンは声が大きくて〝ボイスさん〟って呼ばれてるの」

というようなことを言っていたのを覚えている。これも野球が縁である。

そういう経緯があるだけに、当然のごとく妹の家庭は野球好きである。生っ粋のハマっ子である義弟は横浜ベイスターズのファンで、横浜が優勝した九八年には一家で盛り上がっていたものである。

## 夫と息子と私

さて、私はというと、自慢ではないがスポーツというものはからきしダメだった。生まれつき運動神経がとてつもなく鈍いのである。妹も弟もスポーツマンで運動神経がいいのに、どうして私だけダメだったのか分からない。体格もやせて小柄だし、どちらかというと本ばかり読んでいるタイプだった。

それでも野球が好きだったのは、家族、特に野球少年だった弟の影響と、当時全盛期だっ

た『巨人の星』などの野球マンガの影響だろう。私はふだんは『少女フレンド』のような少女マンガ雑誌を読んでいたのだが、弟がいたために少年マンガにも触れることができた。あの時代にリアルタイムで『巨人の星』の連載を読むことができたのはラッキーだったと思っている。

そんな運動オンチの私が中学時代にソフトボール部に入ることになったのは、学校の規則で生徒全員が必ず運動部に入らなければならなかった、という強制があったためだが、やはり野球が好きだったことも関係していたと思う。

ソフトボールというのは、ボールが大きくて少し柔らかいこととか、ピッチャーはアンダースローで投げるとか、ダイヤモンドが全体的に小さいとか、いろいろ違いはあるのだが、基本的に野球によく似ていた。ルールも野球のルールを知っていれば入り易い。なぜか女子がやるものと決まっていたので、野球に興味のある女の子はソフトボールをやる、という感じだった。ユニフォームのデザインも、今は違うようだが、その頃は野球のものと同じだった。一年生の頃、初めて新しいユニフォームを着てグラウンドに行こうとしていたら、学校の玄関のところで他のクラスの男の子に、「ワッ、ユニフォームが歩いてるみたい」と言われたのを覚えている。

当然ながら私はものすごく下手だったのだが、一応試合とかがあると出してもらえた。なぜなら、ソフトボール部は部員が一一人だけで、そのうち二、三人はほとんど幽霊部員だったからである。私のポジションはライトで、打順は八番だった。家でそのことを言ったら、父に「昔から〝ライ八〟といって、一番どうしようもないヘタな奴をライトで八番にもってくるんだ」と言われてしまった。母が「何もそんなこと言わなくてもいいでしょ」とフォローしてくれたが、私自身はなるほどと妙に納得したものである。

私が中学生だった一九七〇年前後という時代は、何でも「根性」とか「努力」があれば出来ないことはない、という考えが主流を占めていた。特にスポーツともなると、まず「根性」ということになった。担任の先生は母に「他人の何倍も練習してがんばるように」と言っていたらしいが、私はその頃、すでにその論理の矛盾と欺瞞に気付いていた。やはり、生まれつきの運動神経とか運動センスとかの差は、努力や根性だけではそうそう埋まるものではない、というシビアな現実に直面していたからである。努力をして伸びるためには、やはり最低限の持って生まれたセンスが必要なのだ。はっきり言ってムダな時間を費やすよりは、自分の得意な分野で勝負して、伸びる可能性のある部分を伸ばした方が得策だ、などと生意気にも私は思っていた。

しかし、強制的に運動部に入れられたことは、今思えば私にとって大きなプラスになった。一三、四歳の伸び盛かりの時期に、まがりなりにも体を動かすチャンスに恵まれたからである。夏休みの強化練習の日、暑い陽射しの中を駆け回った後で、レモン入りの氷水を飲んだ時のあの爽やかな感覚は、何にも代え難い思い出である。

さて、ソフトボール部が練習していたグラウンドの隣では、野球部がよく練習していた。時々野球部の方からボールがこちらに転がってくることがあった。もちろんその逆もあり、外野だった私は、野球部員にボールを投げ返したり、反対にソフトボールを投げてもらったりした。遠くから見る野球部のバッターは、やはりスイングが鋭かった。こちらはやたらと大きなボールをボテボテ転がしていたのだが、何だか似たようなことをやっている、という気持ちがあって、野球部員にはどことない親近感を抱いていたのを思い出す。

高校に入ってからは、私は完全に文化部の人間になった。ようやく運動コンプレックスから解放され、まあまあ得意な分野でやっていけることになったのである。文芸部や歴史クラブで活動していて、いわゆる「文学少女」だったので、運動部の人たちとはあまり縁がなかった。クラスの野球部の男の子などにはひそかに好感を抱いていたのだが、私と話の合う男の子といえば、どうしてもヒョロッとした中性的な芸術家タイプや、メガネをかけたオタク系・インテリ風タイプということになった。もっとも、よく家に来る妹や弟の友達はスポーツマンタイプが多かったのだが……。生活の中で、自然に野球をやる人たちと接していたわけである。

大学を出てから出会った私の夫は、本が好きでよく読むが、体が大きくてスポーツもやる、という人間だった。高校の時はハンドボール部のキャプテンだったらしい。当然、子供の頃にはよく野球もやっていたと言っていた。大学の頃には体重が増えすぎて、相撲部に誘われたこともあるという。

読書家ということで話が合うだけでなく、太っ腹でシンプルな性格であるところが相性が良かった。子供の頃からの巨人ファンで、結婚した初めの頃は、テレビで巨人―ヤクルト戦を見る時には、まだヤクルトファンだった私と夫との間に緊張感が漂った。もっとも、私は球団にはもともとそうこだわりがなかったので、今はお付き合いの意味で巨人ファンである。小学生になった息子がやはり野球が好きで、巨人を応援しているので、その影響もある。息子は地元の少年野球チームに入って毎週野球を楽しんでいるが、去年、父や妹夫婦、弟夫婦、それに子供たちが集まってみんなで野球をやった時、息子は私に、

「ママって本当にソフトボールやってたの？　守備がすっごいヘタじゃん」

と、すっかり馬鹿にした口調で言ったのだった。

### 弟

四つ年下の弟が野球を始めたのは、ほとんど物心ついてからすぐ、と言ってもいいだろ

う。二、三歳の弟が、オモチャのバットを振り回して遊んでいたのを思い出す。先日、雑誌でジャイアンツの高橋由伸選手の幼い頃の写真を見ていたら、弟の面影が重なってきてドキッとした。小さなバットやグラブで遊ぶ小さな男の子……昔も今も数知れずいる、日本の野球少年の姿である。

弟の場合は、まあ野球狂といってもいいようなところがあった。他のことに一切興味を示さないほど、野球一筋だった。子供の頃は近所の子供たちと野球チームを作っていたが、中学・高校・大学とずっと野球部に所属していた。

小学生の時、よくまあ飽きないものだと思うほど、毎日野球をやって遊んでいた。その頃は今ほど塾などが盛んでなかったので、仲間になる友達がそろっていたわけである。妹と私は、よく弟たちが野球をするところを校庭のベンチに座って見ていた。日が暮れて暗くなるまで、少年たちの動きを見ていて飽きなかった。今はどこの公園でも野球は禁じられていることが多くて、あんな風に野球をやっている子供たちの姿をあまり見かけなくなったが、当時としては全く珍しくなく、ごく普通に見かける風景だった。

弟はスポーツのほうが得意で、勉強はあまり好きではなかった。成績が伸びず、進学では苦労して、両親を心配させた。だが、姉二人の末っ子の男の子である弟を、両親、特に母は溺愛していた。母は弟のことなら何でもやるという感じだったし、父も弟が高校の野球大会に出た時には、毎試合八ミリカメラを担いで見に行った。そんな風だったから、弟にはどこか素直で人の好いところがあった。

それでも、思春期、つまり中学生の頃には、弟にも危ない時期があった。あまり良くない友達と付き合ったり、今で言ういじめに遭ったり、ということである。

しかし、そんな苦しい時も何とか乗り切ったのは、やはり弟が野球をやっていたからだと思う。本当に野球が好きで、これだけはそうそう人に負けない、ということがあったから、辛いことにも耐えられたのだろう。中学生になった弟は、背が伸び、声が太くなって、かわいいタイプだった小学生の頃とは、すっかり感じが変わってしまった。

私は、中学から高校生ぐらいの時の弟とは、ちょっと距離を取っていたところがあった。あの時期の男の子に特有のエネルギーの過剰さに、少々気圧されていたということもある。それに当時、一九七〇年代に全盛だった美少年系少女マンガにすっかり毒されていた私は、一〇代の少年というものに対して現実離れしたイメージを抱いていた。たとえばビョルン・アンドレセンのような（古いけど）、繊細で中性的な美少年が弟であって欲しかったのである。

ところが、現実はあまりに厳しかった。

弟ははっきり言って典型的な体育会系である。当然トイレにも行くし、言葉遣いは荒く、部屋は汗臭く、エッチな本が隠してあったりした。まあ、そんなことは当たり前なのだが、あの年ごろの男の子のミもフタもない現実というものを見せられて、何だか夢がぶち壊されたような気持ちがしたものである。もっとも、弟のほうも、「うちの姉貴はどうも変わってる。あまり女という感じがしない」などと言っていたから、お互いさまというものだろう。弟だって、もっと女らしくて色気のある、超美人の姉が欲しかったに違いない。全く、申し訳ないことをしたものである。

とはいえ、弟はそれなりにハンサムな男だった。

と言うより、古臭いタイプと言ったらいいだろうか。九州出身の母方の血を引いて、九州男児の雰囲気があった。まゆ毛が太く、色は浅黒く、目鼻立ちがクッキリして、男っぽい顔立ちだった。たとえば戦前なら当世風の美男子で通ったかも知れない。一〇代の弟は女の子受けする軽さというものが全くなかったため、女の子にモテず、「おれはモテないんだよ」とよくこぼしていたが、近所のおばあちゃんたちには大変なハンサムだと思われていた。向かいの家のおばあちゃんなどは、弟が絶対にモテるものと、本気で信じていた程である。しかし、現実としては、外見のうえでも、弟はいわゆる典型的な硬派だった。

高校の野球部では、弟の学校も甲子園大会の神奈川地区予選に参加した。県立の普通高校で、特に野球が強い学校ではなかった。弟は一年生の時から試合に出ていて、ショートで一番を打っていた。あれだけ好きなだけあって、このチームの中では目立ってうまかった。肩が強く、ショートから一塁に矢のような送球をしていた。バッティングの方も得意だった。

　高校三年の夏、弟のチームは地区予選の三回戦まで勝ち進んだ。一回戦、二回戦では二塁打を打ったので、弟の名前が小さく新聞に載った。新聞を見た東京の叔父が、「また勝ったね」と電話をかけてきたほどである。弟の学校が三回戦まで勝ち進むということはそれまでにないことだったので、学校の方はけっこう騒ぎになった。ついにチアガールも出て、三回戦の三塁側スタンドは応援団で一杯になった。

　三回戦の相手はシード校だった。この試合はうちの一家も全員で見に行った。夏の陽射しが強烈で、一日で真っ黒になるほどだった。相手チームは強いところだけあって、弟のチームとは体格が違っていた。何だか大人と子供が試合をしているみたいだった。

　試合はずっと押されたままで完敗だったが、その中で弟はヒットを二回打った。鋭いライナーのクリーンヒットだった。まぶしい陽光の中、グリーンの芝生にまっすぐ落ちていくボールの白さ。試合には負けたが、高校最後の夏、最後の試合にヒットを打った弟は満足だったのではないだろうか。この年、甲子園大会の地区予選に参加した、名も知れぬ数多くの野球少年たちの一人として、弟は一九七八年の夏を終えたのである。

　さて、それからの弟には、大学受験という苦難が待っていた。弟には、東京六大学でプレーしたいという夢があった。大学の野球部のセレクションを受けに行ったほどである。しかし、野球の有名校でもない高校出身で、体格もそう大きくない弟がセレクションに合格するのは無理だった。結局、弟は夢をあきらめ、二年間の浪人生活の末、父の跡を継ぐために地方の医大に進学した。弟はそこでも野球部に入り、医大リーグの試合で活躍した。

弟が大学に入学した直後、母が五五歳でクモ膜下出血で急死した。弟はまだ二〇歳になったばかりだった。もと看護婦の母は、ほとんど過保護な位に弟の世話を焼いていたから、マザーコンプレックス気味の弟が早くに母を亡くしたのは可哀想だった。

母が亡くなってから、あることが分かった。母は父と結婚する前に九州で一度結婚して離婚していて、二人の男の子をもとの夫のところに残してきていた、というのである。そのことを知り、なぜあれほどまでに母が弟を溺愛していたのか、初めて分かったような気がした。

弟はその後、時間はかかったがどうにか無事医者になり、看護婦さんと結婚した。弟が選んだのは整形外科だったが、これはやはりスポーツ医学に興味があったためである。大学の時、野球で肩を壊して手術したこともある弟にとって、スポーツ選手のケガや障害は身近に感じられるものだった。たとえばプロ野球の球団のかかりつけの医者とかになれたらいい、と弟は新しい夢を語っていた。研修医だった頃、勤めていた病院がよみうりランドの近くにあり、ジャイアンツの二軍選手などがケガをして患者さんになって来た、と嬉しそうに話していたこともある。

今はすっかり中年のおじさんになった弟は、さすがにもう野球をやることは少なくなったようだ。肩を壊してしまったということもあり、ボールがちゃんと投げられないらしい。しかし、この間、久しぶりに姉弟三人集まって、子供たちのために皆で三角ベースの野球をやった時、弟は豪快に打ち、投げた。それを見た私の息子は、「ヤワラおじさんは野球がうまい」と、すっかり尊敬したようだった。八歳の息子にとって、野球のうまいおじさんは輝くヒーローなのである。

ボールを追って駆け回る息子の姿に、遠い昔の弟の姿が二重写しになった。こんな風にして、人生の時間は過ぎていくのだろうか。幼い頃の弟と面差しがどことなく似ている息子を見ながら、私はふとそんなことを考えた。

以前、樹村みのりのマンガの中で、こんな話に出会ったことがある。

生活の中の一瞬の出来事は、二度と繰り返されることがない。しかし、夜空に光る星々に地球の光が届くまで、長い年月がかかる。もし仮に、宇宙の星に生物がいて、地球の光景を望遠鏡でのぞいていたとするならば、今起きた出来事の光景を彼らがキャッチするのは、何千年、何百年の後ということになる。つまり、数十年前の光景も、あらゆる星のうえで、宇宙のあちこちで、永遠に繰り返されていくことになるのだ。一瞬が永遠に通じるという、時間の不思議に関する一つの寓話である。

大人になり、年齢を重ねた弟の顔に、二〇年前の面影を探すのはそう容易ではない。それでも、ふとした瞬間に、あの頃の表情が浮かび上がることがある。そんな時、私はそのことを思い出すのだ。今、宇宙のどこかの星で、一七歳の弟のバットが白球をとらえている。放物線を描く打球の映像の鮮やかな一瞬。その一瞬は、永遠に消え去ることがない。

弟の今までの野球人生は、とりわけて目立つところもない、ごく平凡なものだった。

しかし、一九七八年のあの夏の日、きらめく暑い陽射しの中で、一閃した弟のバットのことを、決して私は忘れまい。

## あとがき

ともかく書くことが好きで、細く長く半世紀も続けてきました。

昭和三一年生まれの私の世代は、いわゆるポスト団塊世代であり、数が多く何かと活動的な団塊世代、後ろの新人類やバブル世代にはさまれて地味で目立たないすきまの少数派と言われていました。一九七〇年代に思春期・青春期をすごし、何かとゆるくて大ざっぱな時代に生まれた最後の「文学少女」世代であり、最初の「腐女子」世代なんだろうなと思っています。還暦をすぎるまでそのまんまの感覚なのはもう自分くらいで、恥ずかしいガラパゴス的生き残りです……。ただのマニアックな趣味をお見せして、自分がヒマ人・道楽者のダメ人間であることを自らバラしているようなものですが、今となっては昔懐かしい「昭和」の時代のカオティックでムダなパワーがありすぎながら、どこかおおらかでのんびりもしていた雰囲気が少しでも伝われればと思い、ささやかで個人的な記録を恥ずかしながら残せればと思いました……。

極端にシャイで人としゃべれなかった中学時代、文章を書けばコミュニケーションできることに気付き（もちろんかえって誤解を招くことも多々ありますが）、それからずっと修業中でいまだ未完成のままですが、還暦もすぎそろそろ先も短くなってきたので、とりあえず今まで書きためた作品のうち、まわりの評判がよかったものをまとめておくことに致しました。
メンタル・フィジカルともに弱く、欠けたところだらけの人間ながら、今までどうにか生きてこられ、書いてこられたのは、家族親類友人知人のみなさまのおかげであり、周りの人たちに許していただき生かされてきたと実感し、ひたすら感謝しております。本当にありがとうございます。

大島エリ子

二〇一八年一月三〇日

# 初出一覧


| | | |
|---|---|---|
| 森川久美の夢 | 『時空』三六号 | 二〇一一年二月 |
| ますむらひろしの猫 | 『時空』三七号 | 二〇一二年七月 |
| 樹村みのりの世界 | 『時空』四一号 | 二〇一四年一二月 |
| 懐かしきつげ義春 | 『時空』四二号 | 二〇一五年一一月 |
| 諸星大二郎の不条理漫画 | 『時空』四五号 | 二〇一七年一〇月 |
| 山岸涼子のバレエ漫画など | 『時空』四五号 | 二〇一七年一〇月 |
| スティーヴン・キングにおける場所と時間 | 『関西文学』三三九号 | 一九九二年 |
| 少年集団ものの小説と映画のこと | 書き下ろし | |
| わが愛しの怪獣たち | 『時空』三三号 | 二〇一〇年九月 |
| 女性アクション映画の魅力 | 『時空』四三号 | 二〇一六年六月 |
| 『赤毛のアン』と私 | 『時空』三五号 | 二〇一一年六月 |
| 二人の男性名女性作家 | 書き下ろし | |
| アルチュール・ランボオを追って | 『時空』三〇号 | 二〇〇九年三月 |
| 火炎樹の下で | 『時空』一六号 | 二〇〇〇年四月 |
| YOKOHAMA=BLUE | 『時空』二八号 | 二〇〇七年八月 |

「中陰《バルド》」の思想と半生者について　『時空』一八号　二〇〇一年七月
パラオにおける中島敦　『時空』三〇号　二〇〇九年三月
矢田津世子のこと　『時空』四四号　二〇一七年三月
ノスタルジック・ベースボール　『時空』一七号　二〇〇〇年一二月

大島エリ子◎おおしま　えりこ
一九五六年東京都武蔵野市生まれ。鎌倉市在住。
上智大学文学部ドイツ文学科卒業。
一九九二年、『スティーヴン・キングにおける場所と時間』で関西文学賞文芸評論部門受賞。九三年、『映像に見るUSA NOW』でコスモス文学賞評論部門受賞。九四年より文芸同人誌『時空』同人。

# ノスタルジックな読書

コミック・シネマ・小説

二〇一八年五月二二日初版第一刷発行

著者　大島エリ子
装幀　西田優子
発行者　上野勇治
発行　港の人
神奈川県鎌倉市由比ガ浜三―一一―四九
郵便番号二四八―〇〇一四
電話〇四六七―六〇―一三七四
ファックス〇四六七―六〇―一三七五
http://www.minatonohito.jp

印刷製本　創栄図書印刷株式会社
ISBN978-4-89629-347-0　C0095